らくたび文庫ワイド

京《きょう》暦《ごよみ》365日

【都《みやこ》ぐらしのいざない帖】

目　次

お正月三が日―。おせち料理が食卓の花形なら、お雑煮の存在はなごみ系。ほんのり甘い白味噌風味の汁に丸餅とホクホクのかしら芋。今年もまた一年をまあるく過ごせますように、と願いながらいただきます。求肥で白味噌餡を包んだ、はなびら餅のルーツもお雑煮。京都の1月は白味噌の風味とともに始まります。

身体の芯から凍りつくような寒さとはいえ、ふわりと舞い降りる真っ白な雪に誘われて、外に出かけたくなるのが2月。伏見稲荷大社の初午大祭は、別名「福詣」。帰りには商売繁盛や家内安全の「しるしの杉」の御符をいただいて、福を授かりましょう。

待ち焦がれた春の扉がゆっくりと開いていく、そんな3月の初めに訪れる行事が女の子のための雛祭り。桃の花を飾って、色とりどりのばら寿司をいただいて……。艶やかな十二単をまとったお雛様の姿にうっとりする気持ち、大人になった今も変わりません。

四月 …… 43

【卯月】

桜の開花にどこか気もそぞろな京の街。「都をどり」の花街祇園もまた然り。「ヨーイヤァサー」の掛け声とともにおそろいの衣装を身につけた舞妓さんたちが花道から登場する舞台は、京都を彩る桜景色のひとつです。桜色に染まる街で桜色の舞台を鑑賞。心もほんのり桜色な4月です。

五月 …… 57

【皐月】

茶摘みのシーズンが到来。茶畑を抜ける心地のよい風、さんさんと降りそそぐ陽射しを受けてきらめくお茶の葉……。茶どころ宇治の茶畑でも、あちこちで茶摘みの風景が見られます。淹れたてのあったかいお茶、お店でいただく抹茶スイーツ。日々のひとときを癒してくれる、やさしい緑色が生まれる5月です。

六月 …… 69

【水無月】

雨降りで「水」ばかりなのに「水無月」。やがて訪れる秋の実りのために、雨の雫がしっとりと山を、街を、畑を潤す季節。紫陽花や睡蓮の花々、石畳の小路……。雨景色とも相性のよい街、京都です。お家で過ごすのもいいけれど、傘をさして外に出かけてみませんか。

コラム　毎月の京都の縁日 …… 81

コラム　舞妓さんの花かんざし暦 …… 82

【文月】

7月の風物詩、祇園祭。巡行の先頭を行く長刀鉾のお稚児さんは、鉾に乗る唯一の生稚児さん。1日の吉符入りから、17日の巡行で注連縄を太刀で切り落として結界を解く日まで、日に日に凛々しい表情になっていくお稚児さんの姿は、見逃せません。ゆかりの稚児餅をほおばるのも、お祭りの醍醐味のひとつです。

【葉月】

糺の森の下に軒が並ぶ、恒例の納涼古本まつりへ。小川のせせらぎに癒されながら、涼しい木陰でお気に入りの一冊を品定め。手に取ってページを繰ると、眠っていた本がぱっちりと目を覚まし、色あせた絵や文字が生き生きと本の世界を駆けめぐります。そんな古本のお楽しみ、夏のひとときにいかがですか。

【長月】

秋の草花はどこか控えめ。萩もそのひとつで、秋の訪れをそっと気づかせてくれる花です。しなやかに垂れる枝に、白やピンク色の小さな花々をつけ、微笑むように咲く萩。涼やかな虫の音色を背に花を愛でると、一句詠んでみようかな、なんて気分にも。お彼岸にいただく「おはぎ」も萩の名がゆかり。秋に欠かせない味覚です。

10月22日。秋のお祭の中でもひときわ盛大に催されるのが時代祭。スケールの大きさは京都三大祭に数えられるほどです。2000名もの行列をなして目の前をゆっくりと通り過ぎていく「動く時代絵巻」は、京の都が脈々と重ねてきた歴史の魅力を教えてくれるかのよう。

師走の風物詩・南座の吉例顔見世興行に先立って、出演する歌舞伎役者の名を書いた「まねき」を掲げる「まねき上げ」は、霜月の京に欠かせない話題です。縁起のよい勘亭流という書体で書かれた力強い筆文字の看板が連なる様は、壮観のひとこと。興行への期待感がぐっと高まります。

紅葉景色はどこへやら、冬の寒さがしみじみと身に染みる頃、一年で一番の賑わいを見せる「京の台所」錦市場。年末年始の食材を買い求める人たちで、細い路地はぎゅうぎゅうの混み具合。けれど、さまざまな食材が店先に並ぶ様子や活気よく飛び交う声に、いつしか心がはずんできます。

本書の見方

本書は、京都の祭事や行事、しきたりや慣習、季節の食や草花などをまとめた歳時記です。下記のカレンダー形式にもとづき、月々に折々の文化を残す「都ぐらし」をご案内します。

京の祭事・行事

京都の月々の年中行事をカレンダー形式で一覧できます。行事名・日程・開催場所の他、内容や由来なども解説。豊富な写真やイラストで行事の様子を紹介します。

毎年の京情報

各月の月末には、毎年日程が変動する行事を掲載。「4月第3日曜日」や「中秋」など、毎年使えるように日程を表記しています。

京の主な年中行事

一度は行きたい見所豊富な祭事や、月々の風物詩ともいえる主な行事については、別枠で掲載し、内容や由来を詳しく紹介します。

京の暮らし

季節や暦ごとに定められた京都のしきたりや慣習、旬を迎える京野菜や見頃の草花など、月々の京都の文化を紹介します。

※祭事や行事の日時は、天候などにより変動・中止する場合がありますので、お出かけの際は開催場所または主催者にお問い合わせ下さい。
※☎マークのある行事は、そちらにお問い合わせ下さい。
※本書内の掲載行事や店舗の問い合わせ先については巻末をご覧下さい。
※掲載している祭事や行事には料金が発生する場合がございます。
※本書の内容は、2007年10月現在の情報にもとづいています。

一月

【睦月】

注連縄飾りをした門口から年神様をお迎えすることに始まる1月。
新年を祝って親戚が睦まじく集う月であることが「睦月」の語源と伝えられています。
初詣、大福茶、おせち料理、かるた始め式、初ゑびす……。
新年の幕開けを華やかに彩る行事が目白押しの1月が始まります。

平安神宮では、前夜の大晦日から元旦の朝にかけて境内のすべての灯籠が明々とともされます。平安京の大極殿を模してつくられた拝殿が闇に浮かび上がる様は壮麗のひとことと。

平安神宮／P.174

京暦365日の幕開けは初詣から

初《はつ》詣《もうで》

[1/1～1/3]

新しい一年の平安と無事を祈る「初詣」。古くは「年籠り（としごもり）」といい、各家の家長が大晦日の夜から元旦の朝にかけて、氏神が祀られた神社に籠って歳神（としがみ）を迎える習わしが受け継がれていました。しだいに大晦日の夜に詣でる「除夜詣」と、元旦の朝に詣でる「元日詣」の2つに分かれ、この元日詣が現在の初詣の起こりとされています。従来の初詣といえば、氏神が祀られた神社、もしくは新年の恵方（えほう・その年のめでたいと定められた方角）の社寺に参拝することが主流でしたが、近年では有名な社寺に参拝する人が多くなっています。

京都は数多くの社寺があり、歳神を迎えて新年の幸福を願うにはふさわしい場所です。商売繁盛の願いを込めて多くの人びとで賑わう伏見稲荷大社、無病息災を祈る「をけら詣り」で知られる八坂神社、学問の神様・菅原道真公を祀り全国から受験生が合格祈願に訪れる北野天満宮。社寺によって初詣の光景や御利益はさまざまですが、新年への想いを込めて神社仏閣へ参拝し、京都の365日の幕が開けます。

新しい年の商売繁盛や家内安全など、幸せへの願いを抱く人びとであふれかえる伏見稲荷大社の参道。三が日の初詣参拝者数は京都一を誇ります。

伏見稲荷大社／P.174

一月（むつき）

皇服茶【おうぶくちゃ】

［1/1～1/3］六波羅蜜寺／P.175

1

小梅と昆布のお茶の
由来とお味は？▶▶ P.17

〈大福茶〉
元旦、大晦日の夜に八坂神社から持ち帰った「をけら火」で湯を沸かし、小梅や結び昆布などを入れた「大福茶（おぶくちゃ）」を飲むと、一年中の悪気を祓うとされています。

2

筆始祭【ふではじめさい】

北野天満宮／P.172

本殿において午前9時より、書家としても知られる御祭神・菅原道真公を偲び、書道の上達を祈願します。その後、絵馬所にて神前書初めの「天満書」（2日～4日）が行われます。

釿始め【ちょうなはじめ】

広隆寺／P.172

建築関係者が一年の安全を願う仕事始めの行事です。木材を粗削りする大工道具のひとつ「釿」を用いて行われ、古式ゆかしい宮大工の年頭儀式を受け継いでいます。境内にて午前10時より。

かるた始め式【かるたはじめしき】

八坂神社／P.175

3

平安の雅！
十二単姿のかるた遊戯 ▶▶ P.17

蹴鞠始め【けまりはじめ】

下鴨神社／P.173

4

平安貴族たちも
遊んだサッカー!? ▶▶ P.17

5

〈京都の正月料理〉
三が日の間、飾った鯛に一切箸を付けない「にらみ鯛」は京都の正月料理の奇習。「お雑煮」は、角が立たず円満に過ごせるように、丸餅など縁起を担いだ具材と白味噌が特徴です。

6 都七福神めぐり【みやこしちふくじんめぐり】

[1/1～1/15] 市内7社寺　☎都七福神事務局（六波羅蜜寺）／P.175

七福神の福徳を授かろうと巡拝する七福神めぐりは昔から盛んに行われ、新年を迎えた1月の巡拝はとくに功徳が大きいとされています。京都では「都七福神めぐり」として、恵美須神社のゑびす神、松ヶ崎の大黒天、東寺の毘沙門天、六波羅蜜寺の弁財天、赤山禅院の福禄寿神、革堂（行願寺）の寿老神、萬福寺の布袋尊を巡拝します。他にも巡拝ルートは数種類あり、七福神に対する京都の人びとの厚い信仰をあらわしています。

7 始業式【しぎょうしき】

[1/7・1/9] 各花街　☎(財)京都伝統伎芸振興財団

芸舞妓さんの
はんなり年はじめ ▶▶ P.18

〈人日の節句〉
1月7日は「人日（じんじつ）の節句」といい、五節句のひとつです。この日は旬の七草を粥にした「七草粥」を食べ、一年の豊作と無病息災を願う習わしがあります。

8 後七日御修法【ごしちにちみしほ】

[1/8～1/14] 東寺／P.174

もともとは唐の不空三蔵が皇帝のために始めたという例にならい、弘法大師が宮中で始めた修法で、国家安泰などを願って行われる真言宗の最重要儀式です。宮中で1日から7日にかけて神事で儀式が行われ、その後に仏事で儀式を7日行うことから「後七日御修法」と呼ばれています。儀式は非公開ですが、本坊から灌頂院へ向かう僧の行列は威厳に満ちています。

9 祇園のえべっさん【ぎおんのえべっさん】

[1/9～1/10] 八坂神社／P.175

七福神の一神えびす様は、商売繁盛の神様。八坂神社には、平安時代からえびす様をお祀りする「北向蛭子社」があり、「祇園のえべっさん」と呼ばれています。9日には七福神を乗せたえびす船や福娘たちの行列が、八坂神社から四条烏丸までの間を練り歩きます。

10 十日ゑびす（初ゑびす）大祭
【とうかえびす（はつえびす）たいさい】

[1/8～1/12] 恵美須神社／P.172

「京都のえべっさん」と親しまれている恵美須神社のゑびす様。もとは豊漁の神様で、釣り竿と鯛を抱えています。8日の招福祭に始まる「初ゑびす」には、商売繁盛を願う多くの参拝者が訪れ、境内では「商売繁盛、笹持って来い！」の掛け声が飛び交います。

11

〈鏡開き〉
「鏡開き」は女性が鏡台にお供えしたお餅を1月11日、木槌で叩き割ってお雑煮やお汁にして食べたことに由来します。「開く」は「割る」の忌み詞として用いられています。

12

奉射祭【ほうしゃさい】

伏見稲荷大社／P.174

神矢を射て邪気や陰気を祓い陽気を迎える神事です。まず天地四方に神矢を放って斎場を祓い清め、その後、約15m先の大的めがけて神矢を射ます。神矢の当り外れによって、その年の五穀の豊凶や景気の吉凶を占います。見事に神矢が大的を射ると歓声が沸きます。

13

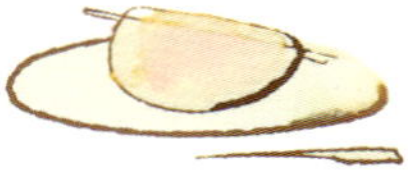

〈はなびら餅〉
京都の正月にいただく伝統菓子のひとつ。柔らかい白餅に、紅の菱餅と京雑煮に見立てた白味噌の餡をのせ、甘く煮たごぼうを挟んで半円状に折って包んだものです。

14

法界寺裸踊り【ほうかいじはだかおどり】

法界寺／P.174

五穀豊穣と天下泰平を祈願する修正会結願の行事。体を清めた青少年たちが「頂礼（ちょうらい）、頂礼！」と声をかけて両手を拍ち合わせ、背中を押し合って踊りを奉納します。この時のふんどしを、妊娠した際に腹帯として使うと安産の御利益があるとされています。

15

左義長【さぎちょう】

市内各神社

1月1日の大正月に対して1月15日を小正月といい、この小正月に行われる火祭りの行事を「左義長」といいます。青竹を組んだ中に、正月飾りの門松や注連縄を積んで燃やし、無病息災を願います。

御粥祭【みかゆさい】

上賀茂神社／P.172

全国的に小正月には、柔らかく煮た小豆を米とともに炊き込んだ小豆粥をいただく習わしがあり、五穀豊穣を願う行事として始まったと考えられています。主な神社では神前に御粥が供えられます。

16

武射神事【むしゃしんじ】

上賀茂神社／P.172

狩衣・烏帽子姿で的射て邪気払い ▶▶ P.18

17

〈正月の弓矢〉
昔、朝廷では年の初めの月に弓を射る「射礼（じゃらい）」という年中行事が執り行われており、天皇臨席のもと、優れた成績の者には褒美が授けられました。

18

青山祭【あおやまさい】

石清水八幡宮／P.172

15日から19日にかけて厄除祭が行われ、そのうちの18日に執り行われる疫神封じの神事です。深夜に行われることから「暗闇祭」とも呼ばれています。男山の山麓にある頓宮（とんぐう）の前庭を斎場とし、榊（さかき）で青柴垣（あおしばがき・青山）を作り、その中の砂盛に榊を立てて疫神を封じ込めて疫病除けとします。明治以前は「道饗祭（みちあえのまつり）」、「疫神祭（えきじんさい）」とも呼ばれていました。

19

疫神社祭【えきじんじゃさい】

疫神社（八坂神社境内）／P.175

八坂神社の西楼門を入ったところに、摂社のひとつ、蘇民将来（そみんしょうらい）を祀る疫神社があります。古い伝説によると、八坂神社の祭神であるスサノヲノミコトは、蘇民将来に一夜の宿を借り温かくもてなされたお礼に、疫病が流行しても茅の輪を腰に下げると疫病を免れることができると言い残したと伝えられています。これにちなみ、疫病退散を願って行われる神事です。

20

湯立神楽【ゆたてかぐら】

城南宮／P.173

かつては神に仕える者が湯しぶきを浴びて神懸りとなって神の意をうかがったといい、その神事を受け継ぐ「湯立（ゆた）て」は、神前の大釜で湯を沸かし、笹の枝を湯に浸して湯しぶきを周囲の人びとに振りかけて邪気を祓い、無病息災や諸願成就を祈願します。

初弘法【はつこうぼう】

東寺／P.174　☎東寺出店運営委員会

21

空海の命日にちなんで毎月21日に東寺で開催される京都最大の縁日で、「弘法さん」の名で親しまれています。一銭一服の茶店から始まり、現在は境内やその周辺で、骨董・古着・植木屋・陶器・アクセサリーなどの露店が所狭しと並び、早朝から日暮れまで大勢の人で賑わっています。1月の弘法さんを「初弘法」と呼び、一年の最初の縁日とあって、12月の「終い弘法」とともに境内は大賑わいとなります。

22

〈どら焼〉
笹屋伊織の「どら焼」は、こし餡をクレープのような薄皮で巻いた円柱形の形が特徴。東寺の修行僧たちのおやつとして供され、毎月弘法市の立つ21日の前後3日間販売されます。

23

〈大寒〉
「大寒」は、二十四節気のひとつで、1月20日頃。一年の中で最も寒さが厳しくなる時期といわれています。各所で耐寒のための行事が営まれ、武道では寒稽古などが行われます。

24

〈福寿草〉
福寿草は、旧暦の正月（2月）頃に咲き始めるため「元日草」という別名を持ち、新年を祝う花として知られます。名前には「福寿（幸福と長寿）」の願いが込められています。

初天神【はつてんじん】

北野天満宮／P.172

25

北野天満宮の祭神で、「天神さん」という名で親しまれている菅原道真公が生まれたのは6月25日、大宰府への左遷の命令が下されたのは1月25日、亡くなったのは2月25日と、いずれも25日に縁がありました。そのため、毎月25日は「天神さん」と呼ばれる縁日が北野天満宮の境内で催されています。中でも1月25日は一年で最初の縁日ということで「初天神」といい、12月の「終い天神」とともに大勢の人が訪れます。

26

〈御会式桜〉
妙蓮寺の桜は冬に花をつける寒桜。日蓮上人の忌日の10月13日前後から咲き始め、春に満開になるため忌日の法要名「御会式（おえしき）」にちなみ「御会式桜」と呼ばれています。

27

28

初不動【はつふどう】

狸谷山不動院／P.173

本尊の不動明王は、鬼門守護として桓武天皇に祀られたと伝えられ、悪鬼退散を願い厚く信仰されてきました。毎月28日は縁日で、一年最初の縁日を「初不動」と呼び、本堂では大護摩供養が行われます。護摩の火で温めた笹酒はガン封じになると伝えられています。

29

〈正月のほうき〉
昔から「邪気を払うもの」と信じられてきたほうき。正月に掃除をすると、お迎えした年神様をも追い払ってしまうことになるため、正月の掃除を慎むという習わしがあります。

30

〈団栗焼け〉
京都の街の5分の4を焼いたという「天明の大火」は、天明8（1788）年1月30日早朝、鴨川東の団栗辻子の民家から出火したため「団栗（どんぐり）焼け」とも呼ばれています。

31

エトセトラ

初甲子大祭【はつきのえねたいさい】

［初甲子の日］松ヶ崎大黒天（妙円寺）／P.175

京都七福神めぐりの1カ寺で、幸福を招く大黒天を祀る“松ヶ崎の大黒天さん”妙円寺。本尊の大黒天は伝教大師・最澄の作と伝えられています。新年初の甲子大祭では、諸願成就のための祈祷が行われ、寿福円満のご幣（へい）が授与されます。また、境内では、お茶席を設けたり、大黒そばなどのお店が並んで賑わう他、大福引大会も行われます。この日、大黒様の福を求めて市内外から多くの人びとが参拝に訪れます。

通し矢・柳のお加持【とおしや・やなぎのおかじ】

［1/15に近い日曜日］妙法院・三十三間堂／P.175

おとなの第一歩は弓の引き初め ▶▶ P.18

元服式実演【げんぷくしきじつえん】

［成人の日］伏見稲荷大社／P.174

「元服」とは男子が成人になったことを示す儀式として古くから伝わり、一般的には12歳前後の年齢で行われていました。伏見稲荷大社では成人の日に、成人を迎えた男女が招かれ、13時より今後の人生における神のご加護を願って祭典が行われます。その後、宮司より成人を迎えた人たちに祝いの言葉が述べられ、また、昔の元服式の実演なども見ることができます。

女人厄除け祭【にょにんやくよけまつり】

［節分前の日曜日］市比賣神社／P.171

女神を祭神とする市比賣神社は女性の守り神として信仰され、とくに「女人厄除け」の御利益を求めて多くの女性が訪れます。祭りに参加する女性は「福女性（ふくおんな）」と呼ばれ、和服姿で参拝後、五条大橋にて「厄除福豆」を撒き、その年の厄除けを願います。

小梅と昆布のお茶の由来とお味は？

1日~3日

皇《おう》服《ぶく》茶《ちゃ》 六波羅蜜寺／P.175

京都の正月は大福茶（おぶくちゃ）から始まります。前夜の大晦日、八坂神社から持って帰った「をけら火」でお湯を沸かし、梅・結び昆布・山椒の実などを入れて、一年の招福息災を願いながら飲む習わしです。この大福茶、ルーツは六波羅蜜寺の「皇服茶」。空也上人が青竹を八葉の蓮片に割って点てた茶を、病人に飲ませて病魔を鎮めたことが始まりで、天皇も服したことが名の由来とされます。三が日、若水で淹れた小梅と結び昆布入りのお茶が授与されます。

平安の雅！十二単姿のかるた遊戯

3日

かるた始《はじ》め式《しき》 八坂神社／P.175

子どもも大人も一緒になって楽しめるかるた遊びの光景は、その昔、日本の正月によく見られるものでした。「かるた」の語源はポルトガル語。安土桃山時代、南蛮文化のひとつとして日本に伝わり、近世以降、小倉百人一首を描いた歌かるたとして普及しました。八坂神社の舞台の上では、神様への奉納として十二単など雅な平安装束をまとった童子童女たちによるかるた遊戯が繰り広げられます。

平安貴族たちも遊んだサッカー!?

4日

蹴《け》鞠《まり》始《はじ》め 下鴨神社／P.173

三が日が明けた4日、下鴨神社では蹴鞠奉納が一般公開されます。蹴鞠は奈良時代に仏教とともに中国から伝わったもの。水干・袴・烏帽子をまとい、皮製の沓（くつ）を履いた鞠人たちが、鹿の皮で作られた鞠（まり）を蹴り上げ、地面に落とさないように渡していくもので、サッカーでいえばリフティングといったところ。古の貴族たちも興じたであろう、その姿を垣間見ることができます。

7日・9日

芸舞妓さんのはんなり年はじめ

始《し》業《ぎょう》式《しき》

各花街　☎（財）京都伝統伎芸振興財団

正装である黒紋付の着物をまとい、髪に稲穂のかんざしを挿した芸舞妓さんたちが各歌舞練場や会場に会します。御神酒や祝いの昆布をいただき、一年の精進を誓う「始業式」が終わると、日頃お世話になっているお茶屋さんへ挨拶に出かけます。「おめでとうさんどす。今年もよろしゅうおたのもうします」。この日、各花街で、芸舞妓さんの晴れやかな新年の挨拶が聞こえてきます。上七軒のみ9日、その他の四花街では7日に行われます。

15日に近い日曜日

大人の第一歩は弓の引き初め

通《とお》し矢《や》・柳《やなぎ》のお加《か》持《じ》

妙法院・三十三間堂／P.175

「柳のお加持」は、後白河上皇の頭痛平癒に由来する伝統行事。本尊の霊力で7日間にわたって祈祷した「法水」を、霊木といわれる柳の枝で参拝者の頭上に振りかけ、頭痛封じ・無病息災を祈願します。同日に行われる「通し矢」は、「我こそ天下一」と自負する武士たちが一昼夜でどれだけ的を射通せるか、という技くらべに始まったもの。全国から新成人が集まり、弓の引き初めを行います。

16日

狩衣・烏帽子姿で的射て邪気払い

武《む》射《しゃ》神《しん》事《じ》

上賀茂神社／P.172

境内参道横、御幣殿前の芝生に長さ40m余りの射場が設けられ、狩衣・烏帽子姿の神職が、裏に「鬼」と書かれた大的を矢で射ることで、悪鬼や邪気を射ち祓い、一年の息災を祈願する神事です。「武射」は徒歩で矢を射ること。威風堂々とした構えから放たれる矢が見事に的を射抜くと、射場には歓声が沸きあがります。ちなみに「流鏑馬（やぶさめ）」とは、騎乗で矢を射ることをいいます。

二月【如月】

まだまだ続く厳しい寒さに、更に衣（きぬ）を重ねる月「衣更月」、または草木が更に生まれる月「生更木」が転じて「如月」と呼ばれるようになったなど語源には諸説あります。節分で厄を祓って迎える立春、暦の上では春。梅がほころび、春の気配がほんのりとただよい始めます。

吉田神社の「追儺式」は別名「鬼やらい」。4つ目の仮面を付けた方相氏（ほうそうし）が鉄棒を振り回す3匹の鬼を追い払った後、桃の弓で葦の矢を放って災いを祓います。

吉田神社／P.175

縁結びの御利益があるとされる、須賀神社の懸想文。今でいえばラブレターの代筆人「懸想文売り」から授与を受けることができます。

須賀神社／P.173

冬の終わりの鬼祓いで迎える春

節《せつ》分《ぶん》祭《さい》

[2/2〜2/3]

廬山寺の「鬼法楽」は、村上天皇の時代、開祖の元三大師が護摩供をされた時に出現した悪鬼を、護摩の法力と持っていた独鈷・三鈷の法器で降伏させた故事に由来します。3匹の鬼は、人間の持つ三毒をあらわすとされています。

廬山寺／P.175

平安時代、大晦日の宮中では悪鬼を追い払う「追儺（ついな）」という行事が行われていました。鬼門とされる北東は、暦に置き換えると12月から1月にあたり、その境である大晦日には、鬼が現れると考えられていたため、追儺をして新しい年を迎えたのです。やがて旧暦の正月にあたる立春に先立ち、前日の節分の日に鬼を追い払う習わしが生まれました。

京都では、市内各社寺で「追儺式（ついなしき）」や「豆まき」など、見た目にもユニークな節分祭が催されます。2月3日、廬山寺では「鬼法楽（おにほうらく）」が行われ、踊りながら本堂に現れる3匹の鬼を、護摩供の秘法、邪気払いの法弓、そして蓬莱師・福娘によって撒かれる蓬莱豆や福餅の威力によって門外へ追い払います。また、平安京の鬼門に位置する吉田神社では、2日夕刻より「追儺式」が行われ、翌3日夜の「火炉祭（かろさい）」では、参拝客の持ち寄った古い神札を燃やします。須賀神社でも両日にわたり、水干・烏帽子姿の懸想文売りが縁結びの「懸想文（けそうふみ）」を授与します。

1

湯立神事【ゆだてしんじ】

[2/1・2/3] 石清水八幡宮／P.172

節分行事のひとつ。まず、社名の由来ともなった霊泉「石清水の井」から汲み上げた御神水を、祭神である三柱の神にちなんで3つの大釜で沸かします。続いて清めの塩・白米・酒を入れ、神楽の調べの中、湯を神前に献上し、その後に神楽女が笹葉で釜の湯を振り撒いて厄除開運・無病息災・五穀豊穣などを祈願します。神事が終わると湯が配られ、また笹葉を家に持ち帰って祀ると無病息災になるとされています。

2

節分祭【せつぶんさい】

[2/2～2/3] 市内各所

冬の終わりの
鬼祓いで迎える春 ▶▶ P.20

3

節分のおばけ【せつぶんのおばけ】

各花街　☎（財）京都伝統伎芸振興財団

真冬の京都に
おばけが現れる!? ▶▶ P.28

〈柊と鰯〉
鬼は目に刺さる柊（ひいらぎ）の葉を嫌い、また鰯（いわし）が放つ悪臭も嫌うことから、悪鬼が現れる節分は柊の小枝に鰯の頭を刺し、門戸に飾って悪鬼除けとします。

4

〈立春〉
二十四節気のひとつ。暦の上では冬が終わって春の始まりを告げる日で、旧暦では一年の始まりとされてきました。立春の前日を“季節を分ける日”から「節分」と呼びます。

5

6

〈すぐき〉
上賀茂一帯で生産され、かぶの一種である酸茎菜（すぐきな）を原材料とします。乳酸発酵による独特の酸味があり、しば漬や千枚漬と並んで京都の三大漬物といわれています。

7

8

針供養【はりくよう】

法輪寺／P.174

柔らかいこんにゃくで針に感謝 ▶▶ P.29

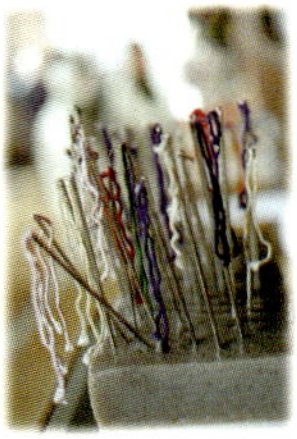

9

〈お稲荷さん〉
初詣や2月初午の日の初午大祭で知られる伏見稲荷大社は、平安京以前からの古社。現在では全国に約3万の稲荷社を擁する「お稲荷さん」の総本社として人びとの信仰を集めています。商売繁盛の神として有名ですが、もとは農耕の神であり、五穀豊穣を願う「稲成（いねなり）」という言葉が転じて、いつしか「お稲荷さん」の愛称で呼ばれるようになりました。

10

11

七草粥【ななくさがゆ】

城南宮／P.173

『源氏物語』の若菜の巻にちなみ、神苑で栽培された春の七草を神前に供え、参拝者は七草粥を食べて無病息災・延命長寿を願います。

城南宮の七草粥

阿含の星まつり【あごんのほしまつり】

阿含宗総本殿／P.169　☎阿含宗総本部／P.170

京都に春の訪れを告げる炎の祭り ▶▶ P.29

12

〈東風〉

「東風（こち）」は春に東から吹く風のこと。菅原道真公が大宰府へ左遷される際に梅との別れを惜しみ〈東風吹かば匂いおこせよ梅の花　あるじなしとて春な忘れそ〉と詠みました。

13

〈飛梅〉

菅原道真公が大宰府に左遷された際に別れを惜しんだ邸宅の梅は、道真を慕って大宰府へ飛んでいったと伝えられ、「飛梅（とびうめ）」の伝説として今も語り継がれています。

14

〈平安の愛のカタチ〉

平安時代の貴族社会では男性が女性の実家へ「婿入り」して女性の実家へ通う形が一般的で、鎌倉以降の武家社会では女性が男性の実家へ「嫁入り」する形に変わりました。

15

水行・火焚祭・大加持祈祷会

【すいぎょう・ひたきさい・だいかじきとうえ】

松ヶ崎大黒天（妙円寺）／P.175

真冬の厳しい荒行を垣間見る ▶▶ P.29

16

17

〈梅は産め〉
桂川東岸の梅津（うめづ）地域に鎮座する梅宮大社は、檀林皇后によりこの地に移築されました。木花咲耶姫（このはなさくやひめ）を祭神として祀り、「木花」が梅の古称・雅称であることから、奈良時代より梅花を神花としてきました。また、「梅」が「産め」に通じることから、祈祷後、夫婦でまたぐと子どもを授かる「またげ石」があり、子授け・安産の神様として信仰されています。

18

19

〈紅梅と白梅〉
2つに分かれて戦うことを「紅白戦」といいます。平安末期、源氏と平氏が一騎打ちで戦った源平合戦に由来し、源氏が白旗を掲げ、平氏が紅旗を掲げて戦場を駆け回ったことから「紅白戦」というようになりました。梅には紅梅と白梅があり、まれに一本の木に紅色と白色の花を同時に咲かせる木があります。その紅白が咲き競う様子から「源平咲き」と呼ばれています。

20

21

〈花菜〉
伏見桃山で切花用として栽培していた寒咲きなたねのつぼみを食したのが始まりの「花菜」。ほろ苦さが特徴で、花菜漬やからし和えなど春を告げる一品として食卓を彩ります。

22

23

五大力尊仁王会【ごだいりきそんにんのうえ】

醍醐寺／P.173

優勝者には巨大な鏡餅を授与！ ▶▶ P.30

24

幸在祭【さんやれさい】

上賀茂神社／P.172

おんめでとうーごーざーる！ ▶▶ P.30

25

梅花祭【ばいかさい】→p.30

北野天満宮／P.172

梅の香りに誘われて天神さんへ ▶▶ P.30

26

27

〈京の底冷え〉
風が無く晴れた夜は地面の熱が大気中に放出され、ぐっと冷え込む放射冷却という現象がおきます。山に囲まれた京都は放射冷却で生じた冷気が盆地にたまり一層寒さが増します。京都に住む人にとっては春が待ち遠しい季節といえますが、この底冷えがあるからこそ、漬物となる聖護院かぶらは身が引き締まり、伏見で作られる酒はおいしくなるといわれています。

28

星まつり【ほしまつり】

三千院／P.173

毎年2月28日の午前11時に金色不動堂のすべての戸を閉めて明かりを遮断し、暗闇の中に蝋燭をともして大宇宙の星空を出現させます。人は星（本命星郡）によって生を受けるという考え方があり、毎年の運命も星（当年星）によって左右されるといわれています。自分に縁の深い星を供養して厄難を除け、開運招福を祈願します。

エトセトラ

初午大祭【はつうまたいさい】

［初午の日］伏見稲荷大社／P.174

参拝者が集う
初春第一の大祭 ▶▶ P.28

〈畑菜〉
畑菜は江戸時代からの伝統野菜。冬から春先の青物が少ない時期に重宝され、古くから2月初午の日に畑菜と揚げを炊き合わせた煮物を食べる習わしが伝えられています。

燃灯祭【ねんとうさい】

［第2子の日］上賀茂神社／P.172

神職一同が狩衣姿で御阿礼野（みあれの）に出て小松（新芽の松）を引き、それに玉箒（たまぼうき・別名、燃灯草）を併せて神前に供えて春の訪れを報告する神事です。平安時代から宮中で行われていた子の日の野辺遊びを神事化したものとされています。

初午の日

参拝者が集う初春第一の大祭

初《はつ》午《うま》大《たい》祭《さい》

伏見稲荷大社／P.174

初午詣は「福詣」とも呼ばれ、京都の初春の最も大きな祭事のひとつです。毎年2月初午（はつうま）の日に行われますが、これは稲荷神が和銅4（711）年の初午の日に稲荷山三ヶ峰に降臨したことに由来します。前々日の辰の日から稲荷山の杉と椎の枝で作った「青山飾り」を本殿以下の摂社や末社に飾り、境内は参拝者で埋まります。現在と同様に、古くから大層な賑わいをみせた祭りで、清少納言の『枕草子』にも初午詣をした様子が生き生きと記されています。

また、初午大祭の日、商売繁盛・家内安全の御符（しるし）として「しるしの杉」が参拝者に授与されます。もともと稲荷山の杉の苗を抜いて持ち帰り、庭に植えて根付けば願いが叶うという習わしがあったことに由来し、平安末期の熊野詣の行き帰りにもいただいていったと伝えられています。

3日

真冬の京都におばけが現れる!?

節《せつ》分《ぶん》のおばけ

各花街　☎(財)京都伝統伎芸振興財団

節分に扮装する習わしを「おばけ」と呼び、町衆の文化として定着していましたが、50年ほど前からしだいに廃れて今は花街にのみ残っています。節分は旧暦の大晦日にあたり、古くから悪鬼が現れる時期と考えられ、悪鬼をやり過ごすために普段の自分と違った姿に変装することで厄除けとしました。もとは「お化髪」と書き、女性が普段結っている髪形と違う髪形にしたことに由来します。

8日

柔らかいこんにゃくで針に感謝

針《はり》供《く》養《よう》

法輪寺／P.174

智恵を授ける「十三まいり」で知られる法輪寺の本尊・虚空蔵（こくうぞう）菩薩は、技芸・芸能上達の守護仏として厚い信仰を集めています。毎年2月8日に行われている「針供養」では、使い古した針や折れた針などを納め、本堂に置かれた大きなこんにゃくに、飾り糸を付けた大きな針を刺して供養します。針に感謝をして供養し、針仕事の上達を願って行われてきた伝統行事です。針供養は、一年の事納めにあたる12月8日にも行われています。

11日

京都に春の訪れを告げる炎の祭り

阿《あ》含《ごん》の星《ほし》まつり

阿含宗総本殿／P.169　☎阿含宗総本部／P.170

阿含宗は阿含経をよりどころとする仏教の一宗派です。正式名は「火の祭典・阿含の星まつり神仏両界大柴燈護摩供」といい、毎年2月11日、阿含宗総本殿境内において盛大に行われる阿含宗最大の行事です。高さ4mの護摩壇で焚き上げられる護摩木は3000万本以上といわれ、炎の高さは20mにも達します。参拝者は全国から7万人を超え、京都に春の訪れを告げる炎の祭りとして定着しました。

15日

真冬の厳しい荒行を垣間見る

水《すい》行《ぎょう》・火《ひ》焚《たき》祭《さい》・大《だい》加《か》持《じ》祈《き》祷《とう》会《え》

松ヶ崎大黒天（妙円寺）／P.175

松ヶ崎大黒天は正しくは「妙円寺」といい、元和2（1616）年に日英によって開かれた日蓮宗の寺院です。大黒堂に祀られている大黒天は幸福を招く神として厚く信仰され、都七福神のひとつにも数えられます。2月15日、厳冬の中で行われる「水行」は、千葉県法華経寺で100日間の厳しい修行を終えた僧が何度も頭から水をかぶり、無病息災を祈願します。その後、「火焚祭」が行われ、持ち寄られた正月飾りや護摩木が焚かれます。

23日

優勝者には巨大な鏡餅を授与！

五《ご》大《だい》力《りき》尊《そん》仁《にん》王《のう》会《え》

醍醐寺／P.173

醍醐寺は、醍醐山上の上醍醐と山下の下醍醐に分かれ、合わせて80余りの堂塔を境内に持つ、京都屈指の大寺院です。上醍醐の五大堂には五大明王が安置され、「五大力さん」と呼ばれています。「五大力尊仁王会」では「餅上げ力奉納」が行われ、力自慢の人たちが紅白の大鏡餅「五大力餅」（男性150kg・女性90kg）を持ち上げ、まるで明王そっくりの形相で持ち上げ続ける時間を競います。五大力さんに力を奉納して無病息災の御利益を願うという、健康への願いが込められた勇壮な恒例行事です。

24日

おんめでとうーごーざーる！

幸《さん》在《やれ》祭《さい》

上賀茂神社／P.172

上賀茂神社を地元の神様とする賀茂の里では、全国的にも珍しい男子の元服を祝う「幸在祭」が、寒さもわずかに緩む毎年 2月24日、しめやかに行われます。「あがり」と呼ばれる数え年で15歳を迎えた男の子は、大人の服・羽織着物に袖を通して儀式に臨み、鐘や太鼓を打ち鳴らしながら町内を練り歩きます。その後、上賀茂神社の氏神様へ元服を報告し、晴れて大人の仲間入りとなります。

25日

梅の香りに誘われて天神さんへ

梅《ばい》花《か》祭《さい》

北野天満宮／P.172

菅原道真公は左遷により京都を追われ、延喜3（903）年2月25日、九州の大宰府において非業の死を遂げました。以来、京都は道真公の怨念ではないかと思えるような天災が続き、その怨念を鎮めるために北野天満宮が建立され、祭神として祀られました。道真公は生まれた日も、左遷された日も、亡くなった日も25日であり、毎月25日は縁日「天神さん」が開かれ、多くの人が神社を参拝します。とくに道真公が愛した梅の花が咲き誇る2月25日の縁日は「梅花祭」と呼ばれ親しまれています。

三月

【弥生】

草木や花々がいよいよ生気あふれる月であることから「弥生」。弥生を迎えると、うららかな陽射しがまぶしい春の訪れを此処彼処に感じるようになります。
女の子の健やかな成長を願う雛祭り、京都・東山花灯路、下旬のはねず踊りなど、春色を思わせる行事の多い3月がはんなりと始まります。

五女神を祀ることから女人守護の社として女性の信仰を集める市比賣神社。人が内裏雛に扮することで知られる「ひいなまつり」では、投扇興や貝合わせなど貴族の間で流行した遊びも披露されます。

市比賣神社／P.171

さんだわらに乗せた雛人形を、境内の聖なる川・御手洗川に流して穢れを祓い、子どもたちの健やかな成長を願う神事「流し雛」。当日は、甘酒の接待もあります。

下鴨神社／P.173

女の子の健やかな成長を願う日

雛祭《ひなまつ》り

[3/3]

「雛祭り」は、別名「上巳」（じょうし）の節句といいます。3月最初の巳の日（現在は3月3日に固定）にあたり、古来中国ではその日に、人びとが川のほとりに集まって身の穢れ（けがれ）を移した紙人形を川に流す「上巳の祓い」という習わしが行われていました。その「人形流し」が、平安時代の宮中の「ひいな遊び（紙の着せ替え人形遊び）」と同一化し、流し雛を川に流して厄払いを行う行事となりました。やがて室町時代になり、紙の流し雛は豪華な雛人形飾りへと変わり、女の子の健やかな成長を願う雛祭りとなります。

現在でも3月3日、藁に乗せた紙製の人形を境内の御手洗川へ流して厄を祓う「流し雛」が下鴨神社で行われます。また同日に、市比賣神社では「ひいなまつり」が営まれ、十二単の着付け実演と大きな雛壇で人が内裏雛に扮する「ひと雛」が見ものです。京都の各家庭でも雛飾りをし、ばら寿司を食べてお祝いしますが、京都の雛飾りは一般的な並びとは逆で、京都御所の天皇の立ち位置にならい、「向かって右に男雛、左が女雛」であるのが特徴です。

1

雛祭り【ひなまつり】

[3/1～4/3] 宝鏡寺／P.174

宝鏡寺は、代々皇室の女性が住持を務めた尼門跡です。住持の父である時の天皇から季節やことあるごとに贈られる数多くの人形を寺宝とし、「人形の寺」とも呼ばれます。春と秋に人形展として一般公開し、3月1日は島原太夫の舞などが奉納されます。

2

関白忌【かんぱくき】

平等院／P.174

10円玉硬貨の意匠としても知られている、世界文化遺産のひとつ宇治の平等院は、平安後期、藤原頼通が父・道長の別荘を寺院に改めたものです。当時、貴族の間に広まった末法思想を恐れ、華麗な極楽浄土の世界をこの世に具現しました。新暦で頼通の命日にあたるこの日、鳳凰堂では頼通を偲んで法要が営まれます。一時途絶えていましたが、昭和33年から再開。この法要が終わると、宇治の地に春が訪れます。

3

雛祭り【ひなまつり】

市内各所

女の子の
健やかな成長を願う日 ▶▶ P.32

〈上巳の節句〉
3月3日は「上巳（じょうし）の節句」ともいいます。陰暦3月の最初の巳（み）の日、川のほとりに集まって災厄を祓うという中国の古い習わしが雛祭りのルーツです。

4

5

〈京都の雛祭り料理〉
女の子の健やかな成長を願う「雛祭り」には、ばら寿司や赤貝、とり貝の酢味噌和え「てっぱい」を食べます。また、「引千切（ひちぎり）」という菓子を食べる習わしがあります。

三月（やよい）

〈京都の地理〉
京都は三方を山で囲まれた盆地で、北山・西山・比叡山をはじめとする東山三十六峰の連なりが自然の城壁とみなされ、古くから「山城国」と呼ばれてきました。この地形が気候に影響を与え、夏は暑く、冬は底冷えするといった寒暖の差を生み出しています。また、賀茂川や桂川など山々から流れる多くの川や豊富な地下水が自然や農作物を育み、海から遠く新鮮な海産物に恵まれないことが限られた素材を最大限に生かす京料理の真髄を培ってきました。このように、京都の地理が今に伝わるさまざまな京文化の礎となっていったのです。

6

7

8

9

雨乞祭【あまごいまつり】

貴船神社／P.172

水の神様に五穀豊穣を祈願して ▶▶ P.41

10

芸能上達祈願祭【げいのうじょうたつきがんさい】

法輪寺／P.174

智恵と技芸を授ける虚空蔵菩薩が本尊の法輪寺。狂言奉納などによって芸の上達を願う法要が行われます。

保津川開き【ほづがわびらき】

亀岡ー嵐山　☎保津川遊船企業組合

スリルと絶景の川下りがオープン ▶▶ P.41

芸能上達祈願祭

11

12

〈洛中・洛外〉
京都の街中を「洛中」、外を「洛外」、京都に行くことを「上洛」というなど、京都をあらわす時に「洛」の文字が用いられていますが、このルーツはどこにあるのでしょうか。古く中国の都であった長安や洛陽にならって造営された平安京では、右京を「長安」、左京を「洛陽」と呼んでいました。しかし、湿地や沼地が多い右京の長安は住居を構えるのに適さず、100年足らずで廃墟と化し、洛陽が都の中心となって発展していきました。いつしか京の都全体が「洛陽」と呼ばれるようになり、京都を「洛」とする認識が広まったのです。

13

14

涅槃会【ねはんえ】

[3/14～3/16] 東福寺／P.174

超特大の
お釈迦さま涅槃図を公開 ▶▶ P.41

〈涅槃〉
「涅槃（ねはん）」とは、苦しみのない安らぎの境地である悟りの世界を意味し、それゆえに死そのものを涅槃ともいいます。また一般的には仏教を開いた釈迦の死を指します。

15

嵯峨お松明・嵯峨大念仏狂言

【さがおたいまつ・さがだいねんぶつきょうげん】

清涼寺／P.173

燃え盛る炎で農作物の豊凶を占う ▶▶ P.42

16

〈涅槃雪〉
3月15日は釈迦の死「涅槃」の日。各地の寺院で涅槃会が行われるこの頃に降る雪を「涅槃雪」と呼びます。いっさいを白く覆う雪は、釈迦の悟りの世界そのものかもしれません。

17

18

〈椿〉
春の訪れを告げる、椿。山茶花（さざんか）と似ていますが、その見分け方は散り際にあります。山茶花は花びらがはらりと散るのに対し、椿は花の首ごとぽとりと落ちます。この様子が斬首を連想させることから武士には好まれなかったという説もありますが、その凛とした美しさは時を越えて愛され、近世では茶花としても重宝されています。妙蓮寺の「妙蓮寺椿」、霊鑑寺（通常は非公開）の「日光椿（京都市指定天然記念物）」、地蔵院の「五色八重散り椿」などが名椿として知られています。

19

お通夜法要【おつやほうよう】

即成院／P.173

彼岸とは、春分の日・秋分の日を中日として、それぞれ前後3日を合わせた7日間のこと。春の彼岸にあたるこの日、即成院では「お通夜法要」が行われます。本尊の阿弥陀如来に向かい、来世に極楽浄土へ行くことを念じる仏教行事で、かつては夜通しで法要が行われていたためその名が付きました。即成院は、寺名にちなんで「ぽっくり寺」とも呼ばれ、天寿を全うし、ぽっくり逝けるという御利益でも知られています。

20

21

〈春分と彼岸〉
春分の日の前後7日間は、春の彼岸です。彼岸とはあの世のことを指し、一年で一番気候の良いこの季節に、亡き先祖を偲んで感謝の念をあらわす大切な仏事を行います。

千本釈迦念仏【せんぼんしゃかねんぶつ】

22

千本釈迦堂（大報恩寺）／P.173

千本釈迦念仏は、吉田兼好の『徒然草』に〈千本の釈迦念仏は文永年間如輪上人はじめけり〉とされ、長い歴史があります。お釈迦様の「遺教経」を千本式の唱え方で奉誦するもので、僧侶の声明が響き渡る中、本尊・釈迦如来像が公開されます。

23

蓮如上人祥月命日法要【れんにょしょうにんしょうつきめいにちほうよう】

24

[3/24～3/25] 東本願寺／P.174

鎌倉時代、法然上人の教えに帰依した親鸞聖人が浄土真宗を開きました。その浄土真宗の中興の祖が蓮如上人です。蓮如上人は本願寺に生まれ、その繁栄に大きく貢献しました。明応8（1499）年3月25日、山科本願寺で亡くなった蓮如上人を偲んで、3月24日・25日の2日間、東本願寺の御影堂（2008年は修復工事のため、阿弥陀堂にて勤修）で勤められます。隣りの西本願寺では、命日を新暦でとらえ、毎年5月13日・14日に勤められます。

菜の花御供【なのはなごく】

25

吉祥院天満宮／P.172

菅原道真公を祭神として祀る吉祥院天満宮。道真公を偲んで行われる「菜の花御供」は、正式名称を「御供奉献祭」といいますが、五穀豊穣を祈願して菜の花や季節の野菜などをお供えすることから「菜の花御供」とも呼ばれています。円柱形に整えたおこわ・人参・牛蒡、四角に切った豆腐を三方に乗せ、神前に供えます。

26

〈菜の花〉

桜よりひと足先に春の訪れを告げる菜の花。素朴な姿ながら菜の花の活躍度は高く、油の原料として、また、からし和えなどおばんざいの食材としても重宝されています。

27

〈はねず色〉

「はねず」とは薄紅色のこと。随心院は情熱的な恋愛歌を詠んだ平安前期の女流歌人・小野小町が晩年住んだ住居跡と伝えられ、3月下旬に「はねず色の梅」が咲き誇ります。

28

〈京菓子〉

菓子は、もともと「果子」と書き、木の実や果物を意味しました。平安時代、遣唐使によって小麦や米の粉から作る「唐菓子」が伝えられ、鎌倉時代には茶文化から「点心」といわれる間食の習慣が生まれました。その後、室町後期にポルトガル人が「南蛮菓子」をもたらし、カステラや金平糖など、卵や油、貴重な砂糖をふんだんに用いた甘く味わいのある菓子が人びとを魅了します。江戸時代になると菓子は庶民にも広まり、四季の風情を菓子にあらわすなど、繊細な美しさを生み出す技術と感性が研ぎ澄まされ、現在の京菓子へと洗練を極めました。

29

30

31

エトセトラ

京都・東山花灯路【きょうと・ひがしやまはなとうろ】

[3月中旬] 東山地域　☎京都・花灯路推進協議会事務局

灯りと花で
早春の古都の宵を彩る ▶▶ P.42

「花の天井」春の特別拝観【はなのてんじょう はるのとくべつはいかん】

[3月中旬～5月連休最終日] 平岡八幡宮／P.174

「花の天井」で知られる平岡八幡宮。格子状の天井板に、ヤマザクラ・シャクナゲ・ボタンなど44種類の草花が描かれており、江戸時代の作と伝えられています。春と秋の特別拝観時に鑑賞でき、長い時を経て今も残る美しい色彩に魅了されます。

椿を愛でる会【つばきをめでるかい】

[3月下旬～4月中旬] 平岡八幡宮／P.174

平岡八満宮は、紅葉や椿の名所としても知られています。境内では樹齢200年を超える紅椿など、約200種300本もの色とりどりの椿の花をゆっくりと鑑賞することができます。また、樹齢150年の白玉椿があり、この椿には「一夜のうちに白玉の椿の花が咲き、願い事が叶った」という伝説が語り継がれています。

はねず踊り【はねずおどり】

[最終日曜日] 随心院／P.173

小野小町のラブストーリーを踊る ▶▶ P.42

9日

水の神様に五穀豊穣を祈願して

雨《あま》乞《ごい》祭《まつり》

貴船神社／P.172

夏の川床など京の奥座敷として人気の貴船。貴船山の東麓にある貴船神社の歴史は古く、鴨川の水源地にあたることから、平安時代より水を司る神として崇敬を集めてきました。「雨乞祭」は、神職が鈴や太鼓を鳴らして降雨と五穀豊穣を祈願する神事であり、農耕シーズンの始まりに欠かせない行事です。この雨乞祭を終えるとまもなく、貴船に春が訪れ京都の街に水の恵みをもたらします。

10日

スリルと絶景の川下りがオープン

保《ほ》津《づ》川《がわ》開《びら》き

亀岡－嵐山　☎保津川遊船企業組合

亀岡から嵐山まで約16kmの保津川の峡谷をぬって、約2時間の船下りを楽しむ「保津川下り」。この日、川開きが行われ、正月を除いて年中開催される川下りの安全を祈願します。山々が薄紅色の桜に染まる春、岩にはじける水しぶきや川を吹き抜ける風が涼やかな夏、燃え立つ紅葉に包まれる秋など、四季折々の雄大な自然美を堪能できることから、年間30万人もの人たちが保津川下りを楽しみます。

14日～16日

超特大のお釈迦さま涅槃図を公開

涅《ね》槃《はん》会《え》

東福寺／P.174

仏教の祖である釈迦が入滅（亡くなること）したのは2月15日。毎年月遅れの3月15日、多くの寺院で釈迦を偲ぶ「涅槃会(ねはんえ)」という法会が営まれ、横たわった釈迦のまわりで、弟子をはじめ鬼神や動物たちが釈迦の死を嘆き悲しむ様子を描いた大きな「涅槃図」が堂内に掲げられます。東福寺では、法堂の天井から巨大な涅槃図が吊り下げられ、無料で拝観することができます。また、涅槃図としては珍しく猫の姿が描かれており、「猫入り涅槃図」と呼ばれています。

燃え盛る炎で農作物の豊凶を占う

15日　嵯峨《さが》お松明《たいまつ》・嵯峨《さが》大念仏《だいねんぶつ》狂言《きょうげん》

清凉寺／P.173

涅槃会が行われるこの日、あたりが夕闇に包まれると、境内に立てられた高さ7mもある3本の大松明に次々と火が点けられ、瞬く間に大きな炎が夜空を焦がします。このお松明式は、釈迦の荼毘（だび・火葬のこと）をあらわすと伝えられ、また、ちょうど稲作が始まる前に行われるため、3本の大松明を稲に見立て、それぞれの燃え方で稲作の出来を占う儀式として行われています。

灯りと花で早春の古都の宵を彩る

3月中旬　京都《きょうと》・東山《ひがしやま》花灯路《はなとうろ》

東山地域　☎京都・花灯路推進協議会事務局

北は青蓮院から南は清水寺まで、東山一帯の京情緒豊かな散策路を灯りと花で演出する、「京都・東山花灯路」。行灯の灯りに浮かび上がる石畳の散策路は、幻想的でムード満点。青蓮院や高台寺、清水寺など、周辺寺院・神社でもライトアップや特別拝観が行われる他、伝統芸能なども披露され、界隈に一層の華やぎを添えます。寒い冬が過ぎ、待ち焦がれた早春の訪れをひと足はやく感じさせてくれるイベントです。

小野小町のラブストーリーを踊る

最終日曜日　はねず踊《おど》り

随心院／P.173

「あーりゃ、これこれ、これは楽しや、小町のお寺の踊りでござる……」。境内に梅の香りがただよう頃、梅園前の舞台で少女たちが披露するのが「はねず踊り」です。小野小町と彼女に恋をした深草少将の悲恋を綴った「百夜通い」の話がモチーフとなっています。「はねず」とは薄紅色のこと。晩年小町は、はねずの梅が咲く頃、この悲恋を胸に里の子たちを訪ねて一緒に踊ったといいます。

四月

【卯月】

旧暦4月は初夏にあたり、白く可憐な卯の花が咲くことにちなんで「卯月」と呼ばれるようになったと伝えられています。
現在では4月といえば桜。古来「花といえば梅」であった日本人が、桜へと心を移したのは都がここ京都に定められた平安時代からのこと。
都をどりの「ヨーイヤァサー」の掛け声とともに、桜づくしの4月が始まります。

艶やかに咲き誇る紅枝垂桜に導かれるように、神苑をぐるりと散策。開花の頃に行われる「紅しだれコンサート」では、ライトアップされた幻想的な空間に美しい音色が響き渡ります。

平安神宮／P.174

連なるお茶屋や白川に架かる巽橋など、京情緒に満ちた祇園白川界隈。桜の薄紅色と柳の緑が石畳の小路に彩りを添えます。

祇園白川

ソメイヨシノなどの桜が咲き乱れる円山公園の中でもひときわ花見客の心を惹きつける枝垂桜は、現在2代目。桜守の手によって大切に守られています。

円山公園／P.163　☎京都市緑地管理課

美しくも儚い桜は4月のアイドル

桜《さくら》

[3月下旬〜4月下旬]

世の中にたえて桜のなかりせば
　　春の心はのどけからまし
～『古今和歌集』～

六歌仙の一人、在原業平のこの歌は、千年以上の時を経た今も多くの共感を呼び続ける歌です。美しくも儚げなその姿に人生や恋心を重ね、人びとは花の中でもとりわけ春の桜を慈しんできました。春には街のあちらこちらが桜色に染まる「桜の都」、京都。祇園の円山公園で艶やかに咲き誇る名木の枝垂桜、川端康成の『古都』に綴られる平安神宮神苑の紅枝垂桜、平安時代から桜の名所として名高い平野神社の夜桜、街中を流れる鴨川や高瀬川など川のほとりを染める並木桜、ライトアップに映える京都府立植物園の桜など、美しい桜に出会える場所は数知れず。また、樹高が低く、花（鼻）が低く咲くことから「お多福桜」の愛称で呼ばれる御室桜の咲く4月下旬まで、長い間お花見を愉しむことができるのも桜の都ならではです。

1

〈木花之開耶姫〉
神話に登場する女神・木花之開耶姫（このはなさくやびめ）には、富士山頂から種を蒔いて花を咲かせたという伝説があり、「さくやびめ」から「桜」の言葉が生まれた、とも。

2

松尾大社例祭【まつのをたいしゃれいさい】

松尾大社／P.175

京都に平安京が遷都されると、松尾大社は賀茂社（上賀茂神社・下鴨神社の総称）とともに王城鎮護の神と崇められ、「賀茂の厳神」に対して「松尾の猛霊」と呼ばれました。境内には霊亀ノ滝・亀ノ井の名水があり、酒造家から寄進された酒樽が並び、水の神や醸造の神として厚い信仰を集めています。例祭は貞観年間（859年～877年）以来続く最も重要な祭事で、茂山社中の狂言奉納と金剛流社中の謡曲奉納も行われます。

3

土解祭【とげさい】

上賀茂神社／P.172

「土解」とは、春の陽差しによって土地が作付けに適してくる事をいいます。この時期に土の災いを祓って豊作を祈念する重要な祭事であり、細殿前の芝生で神官が特殊な卜占を行い、その年に蒔く稲種を決め、お祓いをして神田に種を蒔きます。

4

護王大祭【ごおうたいさい】

護王神社／P.172

神護寺の境内に鎮座していた護王神社は、明治19（1886）年、明治天皇の勅命によって現在の御所西に社殿が造営され、京都御所の守護神とされました。その後、霊猪像（狛いのしし）が奉納されたことから「いのしし神社」とも呼ばれています。「護王大祭」は明治天皇が定めた例祭で、和気清麻呂公の命日にちなんで4月4日に催されます。本殿前での祭典に続き、京都御所建礼門前で「宇佐神託奏上ノ儀」が行われます。

5

〈さくら餅〉
京都風の「さくら餅」は、こし餡を包んだ道明寺餅を塩漬けの桜の葉で挟んでいるのが特徴。嵐山の名物としても親しまれ、和菓子店の店頭には一年中春の香りがただよいます。

6

〈道成寺の鐘供養〉
4月上旬、妙満寺では、能や歌舞伎の演目で有名な霊宝「安珍・清姫の鐘」の供養が営まれます。この鐘は、戦乱に巻き込まれて、紀州から京都へ運ばれ、天正年間に妙満寺へ納められました。妙満寺の供養により清姫の怨念も解かれ、現在は展示室に静かに安置されており、芸道精進を祈るため多くの人びとが供養に訪れます。

7

8

花まつり【はなまつり】

市内各寺院

仏教を開いた釈迦の誕生日は4月8日と伝えられ、仏教寺院では毎年4月8日、花で飾った花御堂の中に釈迦の誕生仏を置き、頭の上から甘茶をかけて祝い、参拝者に甘茶の接待を行います。これは、釈迦が誕生した時、一面に花が咲き誇り、甘露の香水が天から降ってきたという故事にもとづいています。花々の咲き誇る春の行事として定着しており、救いと幸せな暮らしをもたらす釈迦の教えに感謝を捧げます。

9

〈天上天下唯我独尊〉
仏教を開いた釈迦は、生まれてすぐに7歩あるき、右手は天を、左手は地を指差して「天上天下唯我独尊（天上天下において私が最も優れている）」と話した、と伝えられています。

10

桜花祭【おうかさい】

平野神社／P.174

平安時代からの桜名所でお花見 ▶▶ P.54

11

〈梅から桜へ〉
かつて中国の影響から「花といえば梅」でした。『万葉集』と後の平安時代に編まれた『古今和歌集』とでは、梅と桜を詠んだ歌の数が逆転し、桜が最も好まれる花となりました。

12

水口播種祭【みなくちはしゅさい】

伏見稲荷大社／P.174

「稲荷」とは「稲成（いねなり）」が転じたとも伝えられるように、伏見稲荷大社は古くから農耕の神として信仰されています。「水口播種祭」は稲の充実した生育を祈願し、神田にてもみ種を蒔く神事が行われます。

13

十三まいり【じゅうさんまいり】

[4/13を中日とする前後1ヵ月] 法輪寺／P.174

13歳になったら智恵授けの法輪寺へ ▶▶ P.54

14

春季大祭・蹴鞠奉納【しゅんきたいさい・けまりほうのう】

白峯神宮／P.173

春季大祭は、氏子の安全を祈願し、蹴鞠の伝統を受け継ぐ蹴鞠保存会によって、古式ゆかしく蹴鞠の奉納が行われます。蹴鞠は古くから宮中や貴族によって盛んに行われ、とくに飛鳥井家は蹴鞠の宗家として技の指導や伝承を行ってきました。白峯神宮は、明治時代に飛鳥井家の邸宅があった場所に創建された神社で、邸宅内にあった蹴鞠の神様「精大明神」が現在も境内に祀られ、球技の神様として信仰されています。

15

平安神宮例祭【へいあんじんぐうれいさい】

[4/15～4/16] 平安神宮／P.174

平安神宮の祭神である桓武天皇は、天応元（781）年4月15日、平城京の大極殿にて即位し、後に政治の改革を図って長岡京から平安京へと遷都しました。その桓武天皇が即位した日にあたる毎年4月15日に例祭が行われ、祭儀には天皇陛下からの勅使が参向し、500名にのぼる市民や全国の崇敬者が参列します。また、巫女による「平安の舞」や、京都市民合唱団による「平安神宮奉頌歌」が奉納されます。

16

〈御室桜〉
京の街を彩る桜景色のフィナーレを飾るかのように、4月中旬頃から華やかに咲き誇る仁和寺の御室桜（おむろざくら）。2m～3mほどの低い樹高で花（鼻）が咲くことから「お多福桜」の愛称でも親しまれています。視界を覆いつくすように花があふれる苑内を歩くと、まるで雲の中にいるような気分に。多くの花見客が仁和寺を訪ねる光景は、今も昔も変わらない春の風景です。

17

18

法然上人御忌大会【ほうねんしょうにんぎょきだいえ】

[4/18～4/25] 知恩院／P.174

浄土宗を開いた法然上人の遺徳を偲ぶ忌日法要。全国より、多くの僧侶、檀信徒が参拝する重要な法要です。

出雲大神宮花祭【いずもだいじんぐうはなまつり】

出雲大神宮／P.171

雨乞いの神事が起源とされ、四季の花で飾った花笠に狩衣を着た男性が、小太鼓を打ちながら踊ります。

出雲大神宮花祭

19

御身拭式【おみぬぐいしき】

清凉寺／P.173

年に一度、本尊の釈迦如来立像のお身拭いを行います。身を清めた住職が苔寺より運ばれてきた香水に、寄進された白布を浸して本尊を拭いて清めます。拭いた後の白布は、極楽往生を望む参拝者に授与されるようになりました。これは一説には、死出の旅路に着させる経帷子（きょうかたびら・死装束）の起源であるともされています。清凉寺の「御身拭式」に端を発したこの行事は、その他の各諸宗にも広がりました。

20

四つ頭茶礼【よつがしらされい】

建仁寺／P.172

茶祖として知られる開山の栄西禅師の誕生会にあたって方丈で行われる茶会で、室町時代に書かれた『喫茶往来』の中の茶礼をそのまま再現したものといわれています。四つ頭とは4人の正客を意味し、4人の頭人（正客）に相伴客が付き、捧げ持つ天目茶碗に抹茶と湯を注いで僧が茶を点てます。肖像画が掲げられ、前に香炉と華瓶、燭台の三具足が供えられるなど、禅宗に伝わる古式の茶会として知られています。

21

壬生大念仏狂言【みぶだいねんぶつきょうげん】

[4/21～4/29] 壬生寺／P.175

「壬生大念仏狂言」は鎌倉時代、壬生寺の円覚上人が民衆に仏教を分かり易く説くために考え出した無言劇がその起こりです。一般の能や狂言とは異なり、太鼓や笛の囃子に合わせ、身振り手振りだけで演じられます。近世になって娯楽性が高まりましたが、勧善懲悪や因果応報を教える宗教劇としての性格も残しており、地元の有志の人びとによって伝承されています。

22

23

御忌大会・大念珠繰り【ぎょきだいえ・だいねんじゅくり】

[4/23～4/25] 百萬遍知恩寺／P.174

大念珠のスケールは圧巻!! ▶▶ P.55

24

〈御衣黄〉
晩春に咲く桜「御衣黄（ぎょいこう）桜」は、黄緑色の花を咲かせる珍しい桜。その名は、昔の貴人が好んで着た黄緑色の気品ある衣の色に似ていることから命名されました。

25

吉祥院天満宮・春季大祭【きっしょういんてんまんぐう・しゅんきたいさい】

吉祥院天満宮／P.172

菅原道真公の祖父・菅原清公が唐へ向かう途中で暴風に遭い、船上で吉祥天女の霊験を得て難を逃れ、帰国後に自邸内にお堂を建てて祀ったのが起こりです。この地では、古くから「吉祥院六斎念仏踊」が継承され、春季大祭では舞楽殿にて奉納されます。鉦（かね）や笛に合わせて太鼓の曲打ちや獅子舞が演じられ、発願に始まり、お月さん・四ツ太鼓・獅子と土蜘蛛などの演目の後、最後は結願の回向唄が行われます。

26

27

〈花街 春の舞〉

京都の五花街のうち、四花街が春にそれぞれ舞踊公演を行います。まず4月1日～30日に祇園甲部歌舞練場において、京都に春の到来を告げる「都をどり」が華やかに催され、4月第1土曜日～第3日曜日に宮川町歌舞練場において京の名所や名物を舞踊化した「京おどり」、4月15日～25日に上七軒歌舞練場において物語性の強い「北野をどり」、5月1日～24日に先斗町歌舞練場において「鴨川をどり」が開催されます。春の舞台は一年間稽古を積んできた芸舞妓さんにとって晴れの舞台であり、京都の春に華やかな彩りを添える風物詩として親しまれています。

28

〈山吹〉

黄色い可憐な花を咲かせる山吹には一重と八重のものがあり、背丈は1m～2m、北海道から九州まで広く分布します。京都では松尾大社の境内に群生し、山吹まつりが催されます。

29

藤花祭【とうかさい】

西院春日神社／P.173

藤の花に映える雅な祭典 ▶▶ P.56

曲水の宴【きょくすいのうたげ】

城南宮／P.173

小川のほとりで平安の優雅な歌詠み ▶▶ P.56

藤花祭

30

〈京たけのこ〉

春の味覚、たけのこ。西山一帯の名産品として味の良さは日本一とも称えられる「京たけのこ」は、やわらかくて甘味があり、たけのこ特有のえぐみがないのが特徴です。

男山桜まつり【おとこやまさくらまつり】

[4/1～4月中旬] 石清水八幡宮／P.172

平安京の裏鬼門（南西）にあたる男山に宇佐八幡神を祀り、王城鎮護の神・武神・厄除けの信仰を集めている石清水八幡宮。男山は、2000本もの桜木があり、春になると山一帯が桜色に染まります。この男山で催される桜まつりは、桜の花が咲き誇る中で神事が行われ、多くの参拝者で賑わいます。期間中、舞楽の奉納・武道大会・尺八の演奏などのイベントも行われます。

方除け大祭【ほうよけたいさい】

[第2日曜日までの3日間] 城南宮／P.173

鳥羽は、平安時代に鴨川と桂川に臨む景勝地として白河上皇が鳥羽離宮を造営し、華やかな宮廷文化が育まれた地。白河上皇が熊野詣に向かう際、離宮で旅の安全を祈願したことにちなみ、この地に建てられた城南宮は、旅立ち守護の神様として、また、方角にまつわる災いを祓い除く「方除け」の神として信仰を集めています。「方除け大祭」は、神に感謝し、更なる加護を願う祭り。本殿での祭典後、郷土芸能などが奉納されます。

神弓祭【しんきゅうさい】

[第1日曜日] 八大神社／P.174

二刀流の剣豪・宮本武蔵が決闘の前に立ち寄ったとして知られる八大神社。「神弓祭」は、本殿での祭典後、2名の射手が独特の動作で矢を放ち、放った矢の数だけ線香の細木を砂山に立てるという、古式にのっとった弓執り式です。かつては農作物の豊作を占っていました。

嵯峨大念仏狂言【さがだいねんぶつきょうげん】

[第1日曜日、第2土曜日・日曜日（予定）] 清凉寺／P.173

独特の鉦や太鼓の音とともに上演される嵯峨狂言のルーツは、壬生狂言などと同じく、円覚上人が融通念仏の教えを庶民にわかりやすく伝えるためにつくられたものといわれています。演者はいずれも地元の住民で、国の重要無形民族文化財に指定されています。

やすらい祭【やすらいまつり】

[第2日曜日] 今宮神社／P.172

花よやすらえ、
やすらえ花よ ▶▶ P.54

〈あぶり餅〉
厄除けの御利益で知られる今宮神社の門前名物「あぶり餅」。きな粉をまぶした小さな餅を竹串につけ、ほんのり焦げ目がつくまであぶって白味噌風味のタレをつけていただきます。

豊太閤花見行列【ほうたいこうはなみぎょうれつ】

［第2日曜日］醍醐寺／P.173

これぞ天下人の栄華、
秀吉の桜花爛漫 ▶▶ P.55

賀茂曲水の宴【かもきょくすいのえん】

［第2日曜日］上賀茂神社／P.172

寿永元（1182）年に始まったとされる上賀茂神社の「賀茂曲水の宴」。斎王代の観覧のもと、境内の庭園「渉渓園（しょうけいえん）」の小川に盃を流し、川下にいる歌人は盃が流れ着くまでに和歌を詠むというもの。当代一流、冷泉家時雨亭文庫の歌人たちが務めます。

稲荷祭【いなりさい】

［4/20前後の日曜日］伏見稲荷大社／P.174

壮麗な神輿が洛南を練り歩く ▶▶ P.55

吉野太夫花供養【よしのだゆうはなくよう】

［第3日曜日］常照寺／P.173

江戸時代初め、「京の島原に浮舟あり」と江戸にまで知れ渡った名妓は、まだ見ぬ吉野山の桜を想い浮かべて＜ここにさへ さぞな吉野は花ざかり＞と詠みました。当世一の名妓に当世一の吉野桜、人はいつしか浮舟を「吉野太夫」と呼ぶようになりました。太夫が眠る常照寺では、満開の桜の下、艶やかな太夫道中行列が催されます。

神幸祭・船渡御【しんこうさい・ふなとぎょ】

［4/20以降の日曜日］松尾大社／P.175

桂川を渡る勇壮な神輿渡御は必見 ▶▶ P.56

平安時代からの桜名所でお花見

10日 桜《おう》花《か》祭《さい》 平野神社／P.174

平安京遷都に際して奈良から現在地に移された平野神社。「桜花祭」は、寛和元（985）年4月10日、花山（かざん）天皇がみずからの手で境内に桜を植えたことにちなむ祭りです。神事の後、鳳輦（ほうれん・屋根に鳳凰を飾った天皇が乗るための輿）や騎馬、華やかな王朝衣装をまとった織姫などの時代行列が練り歩きます。また、「平野の夜桜」と名高い夜桜を愛でに、夜遅くまでお花見に訪れる人で賑わいます。

13歳になったら智恵授けの法輪寺へ

13日を中日とする前後1ヵ月 十《じゅう》三《さん》まいり 法輪寺／P.174

「十三まいり」は、陰暦3月13日（現在は月遅れの4月13日）、自分の生まれ干支が一巡する節目の年である13歳（数え年）の子どもが嵐山の法輪寺をお参りして、本尊・虚空蔵菩薩に智恵を授かる伝統行事です。お参りの帰り道、法輪寺橋（現在の渡月橋）を渡り終えるまでは決して後ろを振り返ってはならず、振り返ると授かった智恵を失ってしまうといわれています。これは大人へと成長していく子どもに「大人は決められた約束を守る」という事を教える意味があるとされています。

花よやすらえ、やすらえ花よ

第2日曜日 やすらい祭《まつり》 今宮神社／P.172

昔、桜の花の飛散によって疫病が流行すると信じられていました。京都三大奇祭のひとつに数えられる今宮神社の「やすらい祭」は、疫病を鎮めるために始まった「鎮花祭」がルーツとされ、古風な装束の氏子衆が「やすらい花やー、ヨーホイ」と、跳びまわるように歌い踊りながら街を練り歩き、疫病退散を願います。また、行列の先頭をゆく花傘の下に入ると、一年間病気にならないといわれています。

第2日曜日

これぞ天下人の栄華、秀吉の桜花爛漫

豊《ほう》太《たい》閤《こう》花《はな》見《み》行《ぎょう》列《れつ》

醍醐寺／P.173

天下統一を成し遂げた豊臣秀吉が、慶長3（1598）年に醍醐寺で催した「醍醐の花見」。秀吉は、みずから何度も下見を行い、道の両脇に桜を植えて茶屋を建てるなど、花見に向け情熱を費やしました。そして迎えた当日は比類なき絢爛豪華な遊宴となり、秀吉にとってはこれが人生最後の花見となったのです。この花見の模様が再現される「豊太閤花見行列」では、盛大な行列が境内を練り歩きます。

20日前後の日曜日

壮麗な神輿が洛南を練り歩く

稲《いな》荷《り》祭《さい》

伏見稲荷大社／P.174

起源は平安時代にさかのぼります。5基の華やかな神輿と多くの供奉列が伏見稲荷大社より氏子地域を巡幸し、東寺の東に位置する御旅所まで向かいます。その後、5月3日の還幸祭の途中、東寺で献供の儀が行われ伏見稲荷大社へと戻ります。これは昔、稲荷明神が東寺南大門に「来影」されたことにちなみ、稲荷神が東寺の守護神となった所以のひとつでもあります。

23日～25日

大念珠のスケールは圧巻!!

御《ぎょ》忌《き》大《だい》会《え》・大《だい》念《ねん》珠《じゅ》繰《く》り

百萬遍知恩寺／P.174

法然上人亡き後、師の恩を知る寺として弟子の源智上人が建立した「知恩寺」。元弘元（1331）年には第8世善阿上人が京の街で流行した疫病を鎮めるため、御所に籠り、「南無阿弥陀仏」を百万遍唱えたことから、後醍醐天皇より「百萬遍」の号を賜わりました。法然上人の命日である4月25日を含む23日からの3日間にわたり法要が行われ、御影堂内部をぐるりととりまく大念珠の数珠繰りには多くの参拝者が参加します。

20日以降の日曜日

桂川を渡る勇壮な神輿渡御は必見

神幸祭《しんこうさい》・船渡御《ふなとぎょ》

松尾大社／P.175

平安時代、賀茂社と並んで王城鎮護の神として崇敬された松尾大社。「神輿渡御」は千年の歴史を誇り、洛西一の賑わいをみせる春の大祭です。本殿での神事後、6基の神輿が拝殿を廻り、氏子町内へと繰り出します。桂大橋西岸にたどり着くと、神輿を1基ずつ船に乗せて東岸へと渡します。嵐山の地を借景に悠々と渡御された後、御旅所へと向かい、鎮座します。3週間後、ふたたび松尾大社へと戻る還幸祭は、社殿や神輿が葵の葉で飾られることから別名「西の葵祭」と呼ばれています。

29日

藤の花に映える雅な祭典

藤花祭《とうかさい》

西院春日神社／P.173

西院春日神社は、天長10（833）年に淳和天皇が淳和院に移られた際、奈良の春日大社より分霊を迎えたと伝えられ、以来、皇室や藤原氏の守護神として崇敬を集めています。「藤花祭」は淳和天皇が境内で藤花の宴を催したのが始まりとされています。藤が満開の頃に宴を開き、花が咲き誇るとともに国家が栄え、つるが長く伸びるとともに延命長寿を願う祭事です。祭事中は関係者の冠に藤の花葉が飾られます。

29日

小川のほとりで平安の優雅な歌詠み

曲水《きょくすい》の宴《うたげ》

城南宮／P.173

狩衣（かりぎぬ）姿の男性、小袿（こうちぎ）姿の女性、合わせて7人が「平安の庭」に集い、ゆるやかに曲がりくねった遣水（やりみず）と呼ばれる小川のほとりに座ります。酒盃を乗せた「羽觴（うしょう）」を遣水に流し、歌人は、和歌を短冊にしたためると、流れてきた羽觴を手元に引き寄せて酒盃を飲み干し、空いた酒盃の中に季節の花を入れて再び下流へ流すという、平安時代の雅な歌遊びを再現します。春と秋（11月3日）の年2回行われています。

五月

【皐月】

早苗を田に植える「早苗月」が略され、「皐月」と呼ばれるようになったと伝わります。

4月の桜からみずみずしい新緑へ。京の街を染める色も移ろいます。

男の子の成長を願う端午の節句、平安絵巻さながらの行列が都大路をゆく葵祭など、風薫る5月の京暦が始まります。

王朝絵巻が新緑まぶしい街をゆく

葵《あおい》祭《まつり》

[5/15]

祇園祭、時代祭とともに京都三大祭に数えられる「葵祭」。上賀茂神社と下鴨神社の総称である賀茂社の例祭で、正式名称は「賀茂祭」といいます。6世紀、欽明天皇の頃、風水害による凶作を招いた賀茂の神のたたりを鎮めるため、馬に鈴をつけて走らせ、五穀豊穣を祈願したのが始まりで、り平安時代には「祭り」といえば葵祭のことを指しました。源氏物語「葵」の巻では、光源氏が参列する葵祭を見物しようと訪れた正妻・葵上と恋人・六条御息所との車争いのシーンが綴られていることからも歴史の長さをうかがい知ることができます。現在では斎王の代理である斎王代を祭りのヒロインとして、15日の「路頭の儀」では、葵の葉を身につけた総勢500名もの行列が、京都御所から下鴨神社を経て上賀茂神社へと新緑まぶしい都大路を練り歩き、華やかな平安絵巻を繰り広げます。

京都在住の未婚女性が務める、葵祭のヒロイン・斎王代。雅やかな衣装や立ち居ふるまいに、時間の流れもゆったりと感じられます。下鴨神社や上賀茂神社での前儀を経て迎える15日の路頭の儀では、輿に乗り、女人列に参列します。

京都御所／P.162ー下鴨神社／P.173
ー上賀茂神社／P.172
☎葵祭行列保存会

五月（さつき）

1

競馬会足汰式【くらべうまえあしそろえしき】

上賀茂神社／P.172

葵祭の始まりを飾る「競馬会足汰式」は、5日の「競馬会神事」に出走する馬の走り具合を見て、競わせる馬の組み合わせを決めます。

競馬会足汰式

ゑんま堂大念仏狂言

【えんまどうだいねんぶつきょうげん】

[5/1～5/4] 千本閻魔堂（引接寺）／P.173

京の三大念仏狂言で唯一セリフあり ▶▶ P.67

2

〈八十八夜の茶摘み〉

「夏も近づく八十八夜……あれに見えるは茶摘みじゃないか……」子どもの頃に親しんだ歌の情景。この時季、茶どころ宇治の茶畑では、此処彼処で茶摘みの風景が見られます。

3

流鏑馬神事【やぶさめしんじ】

下鴨神社／P.173

「流鏑馬」とは、疾走する馬上から射的を行うこと。武官装束をまとった射手が100m間隔に設けられた3つの的をめがけ、猛スピードで駆け抜ける馬上から矢を放ちます。杉板の的に見事矢が命中して割れると、観衆からは拍手喝采。葵祭の道中を祓い清める神事です。

4

5

駈馬神事【かけうましんじ】

藤森神社／P.174

走る馬上で勇壮な妙技を披露 ▶▶ P.67

競馬会神事・歩射神事

【くらべうまえじんじ・ぶしゃしんじ】

上賀茂神社／P.172・下鴨神社／P.173

葵祭に先立つ神事で賀茂社づくし ▶▶ P.68

〈端午の節句〉

五節句のひとつ。端午（たんご）とは、「端（初め）」と「午（五）」から「5月初めの5日」を意味し、昔から男の子のお祭りとされ、健やかな成長と出世を願ってきました。

6

〈柏餅〉
男の子の健やかな成長と出世を願う端午の節句に食べる「柏餅」。柏の葉は新しい葉が出るまで古い葉を落とさないことから子孫繁栄の縁起を担ぐという意味が込められています。

7

〈粽（ちまき）〉
非業の死を遂げた詩人を弔って、命日の5月5日に供物の餅を川に投じる際、悪龍に食べられぬよう、茅（ちがや）の葉で包んだ中国の故事にちなみ、端午の節句の日に粽を食べます。

8

山蔭神社例祭【やまかげじんじゃれいさい】

山蔭神社（吉田神社境内）／P.175

山蔭神社は吉田神社を創建した藤原山蔭を祀っています。山蔭は料理に深く精通し、古くから包丁の神として料理関係者から厚い信仰を集めてきました。例祭では14時より、生間流（いかまりゅう）家元による「式包丁」が奉納され、料理界の発展を祈願します。

9

〈杜若〉
平安時代から美しく可憐な花として慈しまれてきた「杜若」。国の天然記念物に指定されている大田神社の杜若は、沢一面に紫色の花を咲かせ、訪れる人びとを魅了します。

10

春季金比羅大祭【しゅんきこんぴらたいさい】

安井金比羅宮／P.175

男女の縁、病気、お酒やギャンブルの悪癖などあらゆる悪縁を断ち切り、良縁を結ぶという御利益で知られる「安井の金比羅さん」こと安井金比羅宮。「金比羅大祭」は、5月の他、10月にも行われます。境内の祭場に護摩壇を設け、参詣者の願い事をしたためた護摩木を焚いて、交通安全・家内安全・無病息災などを祈願します。盆石が展示される他、茶席やおでんの露店が出るなど、縁日のような雰囲気です。

11

〈やきもち〉
香ばしい焼き目のついた「やきもち」は、上賀茂神社の門前名物。上賀茂神社の神馬小屋付近で茶店を開いたことから、「神馬堂」という店名がついたそうです。

12

御蔭祭【みかげまつり】

下鴨神社／P.173

上高野の御蔭神社で荒御霊（あらみたま・新しい神霊）を得る神事を行い、祭祀にたずさわる神官の行列に守られながら下鴨神社まで荒御霊を届けます。最も古い神幸祭（しんこうさい・神を遷す祭）であり、古代の祭祀の様子を現代に継承しています。

13

14

〈賀茂川と鴨川〉
高野川と合流する賀茂大橋より上流を「賀茂川」、下流を「鴨川」と書き表すのが一般的で、神社も「上賀茂神社」「下鴨神社」と通称されています。いつの時代からか、漢字を見れば一目で場所や地域がわかるように「賀茂」と「鴨」を使い分けるようになったといわれています。ちなみに現在の河川法では、源流から桂川に合流するまでの全長を「鴨川」と総称しています。

15

葵祭【あおいまつり】

京都御所／P.162ー下鴨神社／P.173ー上賀茂神社／P.172
☎葵祭行列保存会

王朝絵巻が新緑まぶしい街をゆく ▶▶ P.58

16

〈納涼床と川床〉
盆地が生み出す、夏の蒸し暑さ。人びとは昔から、家の前に打ち水をしたり、涼を求めて知恵と工夫を重ねてきました。そうしていつしか夏の風物詩として「納涼床」や「川床」が定着したのです。納涼床は江戸時代、裕福な商人たちが鴨川の中州や浅瀬に床机を並べ、客をもてなしたのが始まり。一方、貴船で大正時代に始まったのが「京の奥座敷」と称される「川床」です。

17

18

御霊祭【ごりょうさい】

御霊神社／P.172

「御霊祭」は平安時代、悪疫退散を祈願した御霊会が起源とされており、京都でも最も古い祭礼のひとつとされています。祭りには500人以上の氏子が参加し、「葵祭」に匹敵する規模を誇ります。歴代天皇から寄進を受けた3基の神輿をはじめ、平安時代の衣装で着飾った氏子らが、剣鉾、牛車や神馬の列を連ね、行列は約300mにもなります。

19

〈唐板〉
平安時代、疫病を鎮めるために行われた御霊会の際に、厄除け菓子として神前に供えられたのが「唐板」の始まり。応仁の乱の際に一時途絶えたものの、御霊神社の門前で唐板を商う「水田玉雲堂」の祖先が、文明9（1477）年に再興しました。疫病退治の願いが込められた薄焼き煎餅は、パリッとした食感が絶妙。小麦粉・卵・砂糖のみで作られた、素朴な味を受け継いでいます。

20

五月（さつき）

親鸞聖人降誕会【しんらんしょうにんごうたんえ】

21

西本願寺／P.174

法然上人が開いた浄土宗をさらに発展させ、浄土真宗を開いた親鸞聖人。承安3（1173）年5月21日が誕生日と伝えられ、西本願寺では親鸞聖人の降誕を祝い、90年の生涯で重ねた徳を偲びます。親鸞聖人の木像が安置された御影堂（ごえいどう）で法要が営まれる他、南能舞台では能の上演が行われ、雅楽の奉納、茶席、学生たちの吹奏楽が演奏されるなど、さまざまな祭典が盛大に催されます。

22

〈睡蓮〉
仏様の台座でもある蓮は、夏の朝に咲く花。これとよく似ているのが新緑まぶしいこの季節に咲く睡蓮です。渉成園、龍安寺、勧修寺などで水辺を彩る睡蓮が鑑賞できます。

田村忌（開山忌）【たむらき（かいさんき）】

23

清水寺／P.172

清水寺は古くから観音信仰の寺院として厚い信仰を集め、西国三十三所観音霊場の第16番札所でもあります。その歴史は平安時代、征夷大将軍の坂上田村麻呂が鹿を狩りにこの地を訪れた際、修行僧・延鎮に殺生を戒めたられたことがきっかけとなり、お堂を建てて千手観音を祀ったのが始まりとされています。坂上田村麻呂が没したのは弘仁2（811）年5月23日。命日のこの日、境内の成就院で法要が営まれます。

24

25

〈檜舞台〉
清水寺の舞台は檜の板間です。舞台は本来、観音様に御利益を授かったお礼に能や踊りを奉納するためのもの。昔から観音信仰のメッカである清水寺では、当代一流の演者が奉納者として選ばれ、清水寺の舞台で踊るということはとても誉れ高いことでした。人生のハレの舞台を「檜舞台を踏む」といいますが、この檜舞台とは清水寺の檜の板間の舞台が語源といわれています。

26

頼政忌【よりまさき】

平等院／P.174

平安末期の武将で文武に秀でた源頼政。夜な夜な御所に出没して天皇を悩ませた鵺（ぬえ・伝説上の生き物）を見事に退治し、獅子王という刀を褒美として賜ったという話が『平家物語』にみられます。平清盛から厚い信頼を寄せられていましたが、後に平家打倒の兵を挙げ、宇治の戦いで敗れて平等院の境内に残る「扇の芝」で自刃したと伝えられています。命日であるこの日、源頼政を偲ぶ法要が営まれます。

27

〈藤と藤原氏〉
平安時代に栄華を極めた藤原氏は、「藤」の文字が名にある縁から長寿で繁殖力が強い藤の花を好みました。藤原氏の衣装の文様や家紋にも藤の意匠が用いられています。

28

業平忌【なりひらき】

十輪寺／P.173

平安時代の六歌仙の一人、在原業平ゆかりの十輪寺は、別名「なりひら寺」。業平は、かつての恋人・二条后（藤原高子）が十輪寺近くの大原野神社へ参詣した折、貴族が野遊びの一種として好んだ塩焼きを行い、言葉の代わりに空高く紫の煙をたなびかせて想いを伝えたといわれています。業平の命日であるこの日、法要が営まれます。また11月23日には、業平を偲び、塩焼きを再現する「業平塩竈（しおかま）祭」が催されます。

29

30

御懺法講【おせんぼうこう】

三千院／P.173

三千院は、延暦7（788）年、天台宗を開いた最澄が比叡山内に建立したひとつの御堂から始まります。大原では、仏教声楽である天台声明（しょうみょう）の研鑽が行われ、古くから修業の地として厚く信仰されてきました。この日、執り行われる「御懺法講」は平安時代に始まったとされ、江戸時代までは御所で行われていた格式ある法要で、声明と雅楽が大原一帯に響き渡る伝統行事です。

五月（さつき）

31

〈伏見とうがらし〉
京野菜の「伏見とうがらし」の歴史は古く、江戸時代の書物に記録が残されています。やわらかくて辛味はなく、煮物、揚げ物、焼き物など幅広く料理に用いられています。

エトセトラ

斎王代禊祓神事【さいおうだいみそぎはらいしんじ】

[5月初旬の吉日] 上賀茂神社／P.172・下鴨神社／P.173（毎年交互に開催）

祭りのヒロイン斎王代の清め祓い ▶▶ P.67

嵯峨祭【さがまつり】[第3・第4日曜日]

愛宕神社／P.171・野宮神社／P.174・御旅所　☎愛宕神社

愛宕神社は「火伏せの神」として古くから信仰を集め、野宮神社は『源氏物語』に綴られています。この2つの古社の合同例祭が「嵯峨祭」で、第3日曜日は神輿が清凉寺前の御旅所に向かい、第4日曜日には神輿や剣鉾・稚児の行列が風光明媚な嵯峨野の地を練り歩きます。

三船祭【みふねまつり】

[第3日曜日] 車折神社／P.172－嵐山・渡月橋上流一帯　☎車折神社

嵐山の地で平安貴族を想わす船遊び ▶▶ P.68

大原女時代行列【おはらめじだいぎょうれつ】

[5/20前後の日曜日] 大原界隈　☎大原観光保勝会

平安末期、大原に隠棲した建礼門院に仕えた人びとが、束ねた柴を頭上に乗せて遠く離れた京の街へ売り歩いたと伝えられ、その姿が大原女として今に伝えられています。「大原女時代行列」は、各時代の衣装を身につけた大原女たちの行列が大原の里を練り歩きます。

京の三大念仏狂言で唯一セリフあり

1日~4日

ゑ《え》んま堂《どう》大《だい》念《ねん》仏《ぶつ》狂《きょう》言《げん》

千本閻魔堂（引接寺）／P.173

「ゑんま堂大念仏狂言」は、壬生寺の壬生大念仏狂言、清凉寺の嵯峨大念仏狂言と並び、京都三大念仏狂言に数えられます。他の2つが無言劇であるのに対し、ゑんま堂大念仏狂言にはセリフがあるのが特徴。当寺を創建した定覚上人が布教のために始めた大念仏法会がルーツといわれ、現在は保存会によって継承されています。20ある演目の最初は「閻魔庁」、最後は「千人切り」が定番です。

祭りのヒロイン斎王代の清め祓い

5月初旬の吉日

斎《さい》王《おう》代《だい》禊《みそぎ》祓《はらい》神《しん》事《じ》

上賀茂神社／P.172・下鴨神社／P.173（毎年交互に開催）

斎王とは、伊勢神宮や賀茂社に奉仕した未婚の内親王のこと。現在の葵祭では、京都在住の未婚の女性が斎王の代理「斎王代」として参列しますが、それに先立ち、斎王代以下参列する女性たちが身を清める神事です。上賀茂神社と下鴨神社で毎年交互に行われ、十二単をまとった斎王代が御手洗川（上賀茂神社）や御手洗池（下鴨神社）に手を浸して身を清め、人形を流して罪や穢れを祓います。

走る馬上で勇壮な妙技を披露

5日

駈《かけ》馬《うま》神《しん》事《じ》

藤森神社／P.174

神宮皇后が摂政3（203）年に創建したと伝わる京都屈指の古社・藤森神社では、長い歴史の中でさまざまな神様が合わせ祀られ、今では12柱を祀っています。戦いの神としても崇められ、勝利を願う武士の信仰を集め、男子を守護する社とされてきました。5月1日から行われる「藤森祭」は端午の節句の起源ともされ、祭りのハイライト「駈馬神事」は、疾走する馬上で立乗り・逆立ち・一字書きなどの技を競います。

葵祭に先立つ神事で賀茂社づくし

5日　競《くらべ》馬《うま》会《え》神《じん》事《じ》・歩《ぶ》射《しゃ》神《しん》事《じ》

上賀茂神社／P.172・下鴨神社／P.173

上賀茂神社で行われる「競馬会神事」は、平安時代に宮中の女房が菖蒲の根の長さを競って遊ぶ「菖蒲の根合わせ」を行った際、上賀茂神社に祈願して勝った女性が、お礼に競馬を奉納したのが始まりと伝えられています。1日の「競馬会足汰式」で組み合わせを決めた2頭ずつが古式にのっとって馬場を駆け抜け、速さを競います。

一方、下鴨神社で行われる「歩射神事」は、葵祭の無事を祈願する神事。馬上から射的をする「流鏑馬（やぶさめ）」に対し、「歩射」は地上から弓を射ます。本殿での神事の後、射手が弓の弦を鳴らして天地四方の邪気を祓う「蟇目（ひきめ）式」、鏑矢（かぶらや）を放ち楼門の屋根越えを狙う「屋越（やごし）式」、大きな的を射る「大的（おおまと）式」、数人の射手が次々に矢を放つ「百々手（ももて）式」という儀式が行われます。

競馬会神事

歩射神事

嵐山の地で平安貴族を想わす船遊び

第3日曜日　三《み》船《ふね》祭《まつり》

車折神社／P.172－嵐山・渡月橋上流一帯　☎車折神社

白河天皇が嵐山の大堰川に和歌・漢詩・管弦の3つの船を浮かべて、各々の才を競わせたことに由来し、当時の才人である車折神社の祭神・清原頼業を偲びます。境内での神事後、牛車に移された祭神は、舞人や稚児たちの行列を従えて大堰川に向かいます。参列者は約20隻の奉納船に乗り、祭神が乗る御座船（ござぶね）の前で、舞踊や琴などの芸事を披露する他、芸能上達を祈願して船から扇を流します。

六月

【水無月】

「水無月」の「無」は格助詞「の」の意味を持ち、田に水を引く月「水の月」が転じて「水無月」と呼ばれるようになったとされる一方、旧暦6月が真夏にあたることから、川や泉も枯れるような暑さを表して「水無し月」と呼ばれたとも伝えられています。
いずれにしても「水」とゆかりの深い月。梅雨入りを迎える6月です。

「蓮の寺」とも称される法金剛院では、白やピンクの蓮が池を覆いつくすほどに神々しく花を咲かせます。見頃は7月初旬から8月初旬にかけての朝。仏様の台座でもある蓮は、仏教を象徴する花です。

法金剛院／P.174

宇治の三室戸寺は西国三十三所観音霊場の第十番札所に数えられる古刹。ツツジや蓮、紅葉の名所として知られますが、中でも、5000坪もの庭園の斜面にひしめく多種多様な紫陽花景色は圧巻です。

三室戸寺／P.175

雨のそぼ降る古都を彩る花たち

夏《なつ》の花々《はなばな》

［6月上旬～8月上旬］

雨にしっとりと濡れた石畳、水を含んで輝く寺院の苔庭……。梅雨の憂うつな気分を晴れやかにしてくれる景色との出会いが、6月の京の街にはたくさんあります。花景色もそのひとつで、雨の雫を受けて一層美しさを増す紫陽花は、6月のシンボル。「あじさい寺」とも呼ばれる宇治の三室戸寺では30種1万株、大原三千院の静けさに包まれた境内奥では3000株もの紫陽花が咲き、祇園白川や高瀬川のほとりでもそっと佇む紫陽花の姿が見られます。紫陽花の他、日増しに暑さが増していく夏にホッと涼感を運んでくれる水辺の花の開花も待ち遠しいもの。平安神宮の神苑や京都府立植物園などでは可憐な花菖蒲が、法金剛院や勧修寺などでは、仏教の世界で「真理」をあらわす崇高な蓮の花が水辺を彩ります。

六月（みなづき）

1

貴船祭【きぶねまつり】

貴船神社／P.172

都を潤す水の神様への感謝祭 ▶▶ P.79

貴船祭

京都薪能【きょうとたきぎのう】

[6/1～6/2] 平安神宮／P.174

夜に催される野外演能です。平安神宮拝殿前の舞台に各流派が集い、かがり火に浮かび上がる舞台で幽玄な能や狂言が演じられます。

2

3

〈衣替え〉

「衣替え」は平安時代から続く歴史ある習わしで、古くは中国にならって4月1日と10月1日を衣替えの日と定めて、これを「更衣（こうい）」と呼びました。ところが、天皇の着替えを担当する女官の職名も「更衣」と呼ばれていたため、民間の人びとは衣服を着替える「更衣」のことを「衣替え」といい表すようになりました。江戸時代頃からは、衣替えは6月1日と10月1日に行われるようになったと伝えられ、現在でも一般的には6月1日と10月1日を衣替えの日とし、官公庁や学校などで衣替えが行われています。

4

歯供養【はくよう】

ぬりこべ地蔵／P.168 ☎深草稲荷保勝会（稲荷名産館内）

深草に祀られている「ぬりこべ地蔵」。その名にはお堂の外観に痛みを「塗りこめる」と「封じ込める」の意味があるとされ、病気や歯痛を封じる御利益があるとされています。「虫歯予防デー」である6月4日は、歯痛封じの法要が営まれ、参詣者には歯ブラシが配られます。また治癒すれば、塗りの箸を奉納するという習わしがあります。

5

栄西忌【ようさいき】

建仁寺／P.172

栄西禅師は臨済禅や喫茶の習わしを中国から日本へもたらしました。命日にあたるこの日、栄西禅師を偲ぶ法要や献茶式が行われます。

県祭り【あがたまつり】

[6/5～6/6] 県神社／P.171

「暗夜の奇祭」は初夏の宇治名物 ▶▶ P.79

県祭り

6

〈万願寺とうがらし〉

京都府舞鶴市の万願寺地区で栽培されていたことが名の由来で、比較的歴史の新しい京野菜。辛味がなく、肉厚なのが特徴で、伏見とうがらしと同様、料理に重宝されています。

7

三宝院門跡大峯山花供入峰修行

【さんぼういんもんぜきおおみねさんはなくにゅうぶしゅぎょう】醍醐寺／P.173

醍醐寺を創建した理源大師・聖宝は、修験道の祖である役行者（えんのぎょうじゃ）の行跡を明らかにするために大峯山を再開しました。以降、醍醐寺は修験道の中心地となり、毎年6月7日、大峯山花供入峰が行われています。全国各地から集まった山伏が、登山前に水行をし、険しい大峯山へと登っていきます。各行場で厳しい修行を行い、当山派修験道の根本道場といわれる秘所・小笹の根本道場では、柴灯護摩が行われます。

8

大幣神事【たいへいしんじ】

県神社／P.171

大きな幣を川に流して厄除け祈願 ▶▶ P.79

9

10

御田植祭【おたうえさい】

上賀茂神社／P.172

本殿での祭典後、摂社の沢田神社で神事が行われます。その後、橋から川中に早苗を投じ、五穀豊穣を祈願します。

田植祭【たうえさい】

伏見稲荷大社／P.174

平安装束の神楽女が、笛やひちりき、歌に合わせ「御田舞」を奉納する中、早乙女たちが神田に早苗を植え、一年の豊作を祈ります。

伏見稲荷大社の田植祭

11

〈入梅〉
6月11日頃、暦の上では梅雨に入る日となります。古く中国では、黴（カビ）の生えやすい時期の雨であることから「黴雨（ばいう）」と呼ばれていたものが転じたなど諸説があります。

12

沙羅の花を愛でる会【さらのはなをめでるかい】

[6/12～6/30] 東林院／P.174

『平家物語』の冒頭に〈祇園精舎の鐘の声　諸行無常の響きあり　沙羅双樹の花の色　盛者必衰の理をあらわす〉と綴られています。お釈迦様が死を迎えた時、沙羅双樹は白い花を散らし、樹は枯れ果てたと伝わります。朝に咲き、夜に散る白い花は、昔から人生の儚さと重ねられてきました。平家一門の栄枯盛衰は、まさに沙羅双樹の花の色そのもの。東林院には十数本の沙羅双樹からなる「沙羅林」があり、鑑賞会が開かれます。

13

14

〈沙羅双樹〉
仏教発祥のインドで伝えられる「沙羅双樹」とは異なり、日本でいう沙羅双樹は学名「夏椿（なつつばき）」といいます。夏椿は6月中旬頃より、椿に似た白い花を咲かせます。

15

青葉まつり【あおばまつり】

智積院／P.174

青葉の季節に宗祖の空海を偲ぶ ▶▶ P.80

八坂神社例祭【やさかじんじゃれいさい】

八坂神社／P.175

本殿で神事が執り行われる他、舞殿では弥栄雅楽会による「東遊（あずまあそび）」の神楽奉納が行われます。

八坂神社例祭

16

〈嘉祥菓子〉
6月16日は「和菓子の日」。室町時代から江戸時代、宮中ではこの日に菓子を食べて厄除祈願の儀式を行っていたことにちなみ、和菓子を食べる吉日とされています。

17

〈蛍〉
初夏の夜、清流のほとりで淡い光をともしながら優雅に宙を舞う「蛍」。日本に生息する約45種類の中では、源氏蛍と平家蛍がよく知られています。平安末期、蛍が舞うこの季節に源平争乱に敗れた平家一門の亡骸の上を、ゆっくり明滅する大きな蛍（勝者の源氏）と慌しく明滅する小さな蛍（敗者の平家）が入り乱れて宙を舞ったといわれ、それに由来して源氏蛍、平家蛍の名が付いたと伝えられています。

18

19

20

竹伐り会式【たけきりえしき】

鞍馬寺／P.172

大蛇に見立てた青竹をバッサリ！▶▶ P.80

21

〈夏至〉
二十四節気のひとつに数えられる夏至。北半球では、一年のうちで最も昼が長く、夜が短い日となります。逆に最も昼が短く、夜が長い日は半年後に迎える冬至です。

22

23

〈建具替え〉
昔ながらの町家では、6月になると、「建具替え」を行って蒸し暑い夏を迎える準備をします。ほこりや塵を取り除いて清め、襖（ふすま）を葦戸（すど）に替え、軒先に簾（すだれ）や葦簀（よしず）をかけると、爽やかな風が部屋を吹き抜けるようになります。その他、足元に籐（とう）で編んだむしろを敷くなどし、機能面だけでなく、見た目にも涼感を呼ぶ工夫が随所に見られます。

24

25

御誕辰祭【ごたんしんさい】

北野天満宮／P.172

祭神の菅原道真公が生まれたのは、承和12（845）年6月25日とされています。道真公の生誕を祝して本殿で神事が行われます。

茅の輪くぐり・人形流し【ちのわくぐり・ひとがたながし】

［6/25～6/30］城南宮／P.173

30日の夏越祓（なごしのはらえ）に先立って行われる行事。茅の輪をくぐった後、人形（ひとがた）を禊（みそぎ）の小川に流して無病息災を祈願します。

茅の輪くぐり・人形流し

26

27

〈紫陽花〉
しとしとと降る雨の雫を受けて、一層輝きを増す、梅雨の頃の花、紫陽花。京都では、宇治の三室戸寺や大原の三千院などで美しい花々を観賞することができます。

28

〈水無月〉
前半年（1月〜6月）の穢れを祓い、後半年（7月〜12月）の無事を祈る伝統行事「夏越祓」に欠かせない和菓子が「水無月（みなづき）」です。外郎（ういろう）や葛を用いて作る水無月の白い部分は暑気を払う氷を表し、上にのせた甘い煮小豆は、疫病の悪魔を祓うという意味が込められています。昔、冬の氷を夏まで保存するために「氷室（ひむろ）」という小屋がありました。夏越祓の際、宮中や幕府では氷室の氷を口にして暑気を払う儀式が行われましたが、貴重な氷を口にできなかった庶民は、水無月を氷室の氷の代わりとしました。

29

30

夏越祓【なごしのはらえ】

市内各神社

大きな茅の輪をくぐって厄払い ▶▶ P.80

蛍火の茶会【ほたるびのちゃかい】

［6月上旬］下鴨神社／P.173

初夏、糺の森の清らかな川に、蛍が飛び交います。この日の夕刻、参道には納涼市が並び、境内には茶席が設けられます。また、神服殿では十二単の着付け、王朝舞が披露され、琴の調べが響き渡ります。辺りが闇に包まれると、籠の中の蛍が御手洗川に放たれ、ほのかな光をともしながら夜空に舞う、幻想的な初夏の行事です。

祇園放生会【ぎおんほうじょうえ】

［第1日曜日］巽橋／P.163　☎祇園放生会実行委員会

祇園を流れる白川のほとりにある辰巳大明神で行われる行事で、食として私たちを生かしてくれる生き物への感謝の気持ちを込めて、人と生き物の共生を願います。比叡山の大阿闍梨による奉修の後、巽橋の上から祇園の舞妓さんや市民・観光客が2000匹もの稚魚を白川に放流します。もとは鯉でしたが、近年では金魚を放流しています。

宇治川の鵜飼【うじがわのうかい】

［6月中旬～9月下旬］宇治川畔一帯　☎宇治市観光協会

平等院は、藤原道長の別荘であったことからもわかるように、宇治は平安貴族の別荘地でした。この地を潤す宇治川では、飼いならした「鵜」という鳥を使い、鮎を獲る「鵜飼」という漁法が古くから受け継がれてきました。風折烏帽子に腰蓑姿の装束を身に着けた鵜匠が、かがり火をともした船の上で鵜飼の技を披露します。この風流な鵜飼が始まると、宇治に夏が訪れるといわれています。

京都五花街合同伝統芸能特別公演・都の賑い

【きょうとごかがいごうどうでんとうげいのうとくべつこうえん・みやこのにぎわい】

［第3土曜日・日曜日］京都会館／P.171　☎（財）京都伝統伎芸振興財団

京都には、祇園甲部・祇園東・宮川町・先斗町・上七軒の五花街があります。祇園甲部は井上流、上七軒は花柳流といったように、踊りの流派は花街ごとに異なります。毎年6月に行われるこの公演は、五花街の芸舞妓さんたちが繰り広げる舞踊会。長唄や常磐津など、各花街がひとつずつ演目を披露した後は、「舞妓の賑い」と呼ばれる、公演のハイライト。五花街の舞妓さんがそろって、華麗で艶やかな踊りを披露します。

1日

都を潤す水の神様への感謝祭

貴《き》船《ぶね》祭《まつり》　貴船神社／P.172

貴船神社の大祭で、明治維新以前、春と秋の年2回行われていた御更衣祭が起こり。本宮にて古儀にのっとった神事が行われ、雅やかな舞楽が奉納されます。その後、神輿が町内を巡行し、奥宮に到着すると神事の後に地元の子どもたちが忌み串を手に船形石の周囲を幾度も廻り、健やかな成長を祈願します。ヤマタノオロチ退治神話の出雲神楽が奉納され、神輿が本宮へ還ると祭りが締めくくられます。

5日～6日

「暗夜の奇祭」は初夏の宇治名物

県《あがた》祭《まつ》り　県神社／P.171

木花開耶姫（このはなさくやひめ）を祀り、良縁や安産の御利益で信仰を集める県神社。6月5日から翌日の未明にかけて行われる「県祭り」は、「暗夜の奇祭」といわれ、宇治を代表する祭りです。青竹の先に球状のご幣（へい）を付けた「梵天（ぼんてん）」を乗せた神輿を男衆が担ぐ「梵天渡御」が暗闇の中で行われます。梵天を勢いよく回転させる「ぶん回し」が祭りの見所です。

8日

大きな幣を川に流して厄除け祈願

大《たい》幣《へい》神《しん》事《じ》　県神社／P.171

祈願の際や、罪・穢れのお祓いのときに用いる「幣（ぬさ）」。県神社の「大幣神事」では、約6mの大幣を中心に、風流傘、子どもたちの行列が巡行します。市内を練り歩き、疫神を大幣に乗り移らせた後、県通りから宇治橋まで、男衆たちが大幣を猛スピードで引きずり、その背後を騎馬神人が追いかけます。最後は、厄を流すという意味を込めて、大幣を宇治川へ放って流します。

15日

青葉の季節に宗祖の空海を偲ぶ

青《あお》葉《ば》まつり　智積院／P.174

「青葉まつり」は、真言宗を開いた弘法大師・空海の誕生日にあわせ、中興の祖である興教（こうぎょう）大師の誕生日を祝い、営まれる法要。正式名称は「両祖大師御生誕慶祝法要」ですが、木々の緑が美しいこの季節に行われるので「青葉まつり」と称されています。法螺貝や太鼓が鳴り、山伏たちが大護摩に火をともし、煙とともに勢いよく燃える炎の前で両大師の功徳を偲びます。

20日

大蛇に見立てた青竹をバッサリ！

竹《たけ》伐《き》り会《え》式《しき》　鞍馬寺／P.172

源義経が幼少時代、天狗に武術を学んだと伝わる鞍馬寺。「竹伐り会式」は、峯延（ぶえん）上人が鞍馬山に出現した大蛇を法力によって退治したという平安時代の故事にちなみます。青竹を大蛇に見立て、弁慶のような僧兵姿の鞍馬法師が近江座と丹波座の2座に分かれ、竹を伐り落とすスピードを競う勇壮かつ豪快な祭事です。その勝敗で一年の吉凶を占います。

30日

大きな茅の輪をくぐって厄払い

夏《な》越《ごしの》祓《はらえ》　市内各神社

「夏越祓」とは、1月からこの日までの半年の罪や穢れを祓い、残り半年の無病息災を祈るもので、奈良時代からの伝統を受け継ぐ行事。市内の各神社に設けられた大きな茅の輪（ちのわ）をくぐって厄除け・悪疫退散を願います。この風習は、蘇民将来（そみんしょうらい）という貧しい男に一夜の宿を求めたスサノヲノミコトが温かいもてなしに感謝し、茅の輪を門にかければ疫病にかからないとした古事に由来します。この日は厄除けの和菓子である「水無月」が食されます。

貴船神社の茅の輪

毎月の京都の縁日

生誕日や命日など、神様や仏様に縁のある日を「縁日」と呼びます。縁日に開かれる市は、開催場所によって並ぶ品々もその雰囲気もさまざま。お気に入りの縁日を見つけて、毎月通ってみてはいかがでしょう。

毎月8日　因幡薬師手づくり市

因幡堂・平等寺／P.171

因幡薬師の名で親しまれる平等寺が、平安時代から変わらず京都の真ん中の現在地にあるのは、町の人びとの厚い信仰に守られてきた証。縁日には、こぢんまりとした境内に手描きのTシャツや古着物をリサイクルしたカバンなど素朴な手作り品の露店が並びます。雨天決行。

毎月15日　百萬遍さんの手づくり市

百萬遍知恩寺／P.174

20余年の歴史を持ち、手づくり市の元祖ともいえる市で、革・布・木などの素材から作った創作品や、お菓子などの店が本堂の裏にまで所狭しと並びます。さながら青空ギャラリーのような雰囲気で、手作り好きな若者やお年寄りたちの人気を集めています。

☎手づくり市事務局

毎月21日　弘法さん

東寺／P.174

「弘法さん」こと弘法市は、弘法大師・空海の命日にあたる21日に毎月開かれます。京都では最大の縁日で、食品・骨董品・仏具など1000を超える店が軒を並べ、掘り出し物を探しに早朝から多くの人びとが訪れます。また、毎月第1日曜日には、骨董と手作りの品々が並ぶ「がらくた市・手作り市」が開催されています。

☎東寺出店運営委員会

毎月25日　天神さん

北野天満宮／P.172

学問の神様・菅原道真公の誕生日と命日はいずれも25日。この日を縁日として毎月開かれる市「天神さん」は、骨董やアンティークの着物など多くの露店が、参道や境内の外にまであふれます。年始の「初天神」、年末の「終い天神」はとりわけ賑わいを見せます。

舞妓さんの花かんざし暦

花街を艶やかに彩る舞妓さん。舞妓さんたちのつややかな黒髪に挿すかんざしは「花かんざし」と呼ばれ、京の豊かな季節の移ろいとともに、そのモチーフが毎月変わっていきます。舞妓さんの「花かんざし」からはんなりと四季を感じてみる、というのも花街散歩のちょっと通な楽しみのひとつです。

1月　松竹梅・稲穂

新年を祝って、縁起のよい「松」「竹」「梅」をあしらった華やかなかんざしを挿します。また、芸舞妓さんが一堂に集って一年の精進を誓う、花街の「始業式」には、実るほどに頭を垂れる稲穂にあやかって、稲穂と白い鳩をあしらったかんざしを挿します。

2月　梅

立春を迎え、暦の上では春を迎える2月。ほころぶ紅や白の梅をあしらったかんざしに春の兆しを感じます。

3月　菜の花

明るい黄色の花で春の到来を告げる菜の花が3月のモチーフ。同じく3月の花である桃の花の姿も見られます。

4月　桜

桜一色に染まる4月。かんざしも、もちろん桜です。舞妓さんの可憐な美しさが一層引き立ちます。

5月　藤

5月は藤の花がモチーフ。紫色の花房をふっさりと垂れる藤の花のように、優雅な雰囲気がただよいます。

6月　柳

初夏の色といえば、新緑の緑色。6月の意匠は、雨にみずみずしく映える緑色の柳です。他に紫陽花も見られます。

7月　団扇

髪型は祇園祭期間限定の「勝山」に。かんざしには涼感を運んでくれる団扇のモチーフがあしらわれます。

8月　ススキ

8月は秋を先取りしたススキの意匠で、涼しさを演出します。1日の「八朔」には黒紋付の正装をまといます。

9月　桔梗

秋の七草に数えられる桔梗がモチーフ。白や紫色をし、星の形のような花を咲かせる桔梗があしらわれます。

10月　菊

秋の花といえば、菊。若い舞妓さんの髪には小菊のかんざしが、ベテランの舞妓さんには大輪の菊が見られます。

11月　紅葉

赤や黄のグラデーションに染められる11月の京都。かんざしには、色づく紅葉美が凝縮されています。

12月　顔見世のまねき

師走の風物詩といえば、南座の吉例顔見世興行。出演する歌舞伎役者の名を記した看板を南座正面に連ねる「まねき」のミニチュアがあしらわれます。舞妓さんは、役者控え室でお気に入りの役者さんから、まねきのかんざしにサインをもらうのが習わしになっています。

七月

【文月】

短冊に詩や歌をしたためる7月7日の七夕をはじめ、書物を夜風にさらす風習があることにちなんだ「文披月（ふみひらきづき）」が転じて「文月」と呼ばれるようになったと伝わります。また、実りの秋を控えて稲の穂が膨らむことから「含み月」とも。

団扇、浴衣、かき氷……。夏の風物詩が似合う京の街で祇園祭が始まります。

町通
50

祇園祭のハイライトともいえる17日の山鉾巡行。四条通、河原町通、御池通……。普段は車が絶え間なく行き交う街の大通りを32基の山鉾がゆっくりと進んでいきます。音頭とりの掛け声とともに、ギシギシと車輪を軋ませながら進行方向を変える、勇壮な「辻まわし」では、沿道が拍手と歓声で沸き立ちます。

八坂神社／P.175

伝統と町衆の粋が込められた祭り

祇園祭《ぎおんまつり》

[7/1～7/31]

京都の夏の代名詞ともいえる「祇園祭」。1日の吉符入りの神事で幕が開き、31日に行われる疫神社の夏越祭まで1ヵ月にわたって繰り広げられる八坂神社の伝統の祭典で、東京の神田祭、大阪の天神祭とともに日本三大祭に数えられます。貞観11（869）年、全国に流行した疫病を鎮めるため、当時の国の数と同じ66本の鉾を神泉苑に立てて祇園の神を祀り、神輿を送った祇園御霊会と呼ばれる神事が始まりで、室町時代には、商工業で力を得た町衆の手によってしだいに絢爛豪華な祭りへと発展していきました。1ヵ月の間、重ねられていく神事はいずれも長い伝統と町衆の粋を感じられるものですが、16日の宵山には「動く美術館」とも称される山鉾を間近に見物でき、17日には32基の山鉾巡行が壮大に行われるなど、街に満ちる熱気も一層高まります。

1

長刀鉾町お千度【なぎなたほこちょうおせんど】

八坂神社／P.175

祇園祭の山鉾巡行で先頭を進む長刀鉾の町内役員一同が集まって、選出した稚児とともに八坂神社に参拝し、神事の無事を祈ります。

長刀鉾町お千度

嵐山の鵜飼【あらしやまのうかい】

[7/1～9/15] 大堰川　☎嵐山通船

1000年以上前から行われていたとされる嵐山の夏の風物詩。かがり火が焚かれる中、屋形船の上から嵐山の夜景と鵜飼が楽しめます。

2

くじ取り式【くじとりしき】

京都市役所　☎京都市文化市民局文化財保護課

祇園祭の山鉾が巡行する順番をめぐって昔から先陣争いが絶えなかったため、明応9（1500）年、巡行の前日に各鉾町代表者が巡行の順番を決める「くじ取り式」が始められました。現在、32基ある山鉾の中で、古くから巡行順が決まっている8基を「くじ取らず」といい、残りの24基の代表者がくじを引きます。以前は六角堂で行われていましたが、現在は京都市長の立ち会いのもと、京都市会議場で行われています。

3

船鉾町神面改め【ふねほこちょうしんめんあらため】

船鉾町会所　☎（財）祇園祭船鉾保存会

船鉾には御神体の神功皇后像に付ける、室町時代作の「本面」と江戸時代作の「写し面」の2面が伝えられています。「神面改め」では、船鉾保存会役員が見守る中、神面に息がかからないように懐紙を口にくわえた役員が、木箱から神面を取り出して、変わりない姿を参列者に披露します（一般非公開）。17日の山鉾巡行の際、「本面」は箱に収めて人形殿と呼ばれる人形係が首から下げ、御神体の神功皇后像には「写し面」が付けられます。

4

〈粽作り〉
この時期、上賀茂などの農家で手作りされた粽（ちまき）は、宵々山や宵山などで授与されます。授かった粽は食べずに、家の間口に飾り、疫病・災難除けのお守りとします。

5

長刀鉾稚児舞披露【なぎなたほこちごまいひろう】

長刀鉾保存会会所　☎（財）長刀鉾保存会

長刀鉾町は7月1日にお千度があるため、5日に吉符入りを行い、稚児が町の人と顔合わせをします。その後、ゆったりとした奉納囃子が流れる中、稚児と2人の禿（かむろ）、そして裏方の稚児操りによって、巡行の日に鉾の上で舞う「太平の舞」が披露されます。

6

7

貴船の水まつり【きぶねのみずまつり】

貴船神社／P.172

都を潤してきた水に感謝する祭典 ▶▶ P.93

蹴鞠奉納・七夕小町踊り
【けまりほうのう・たなばたこまちおどり】

白峯神宮／P.173

元禄時代の華やかな少女の舞 ▶▶ P.93

〈七夕の節句〉
七夕は中国古来の手芸の上達を祈る行事・乞巧奠と、牽牛と織女の伝説にちなむ星祭りの行事に、日本古来の棚機つ女（たなばたつめ）の信仰が合わさって現在の七夕となりました。

8

9

陶器市と陶器供養【とうきいちととうきくよう】

[7/9～7/12] 千本釈迦堂（大報恩寺）／P.173

国宝の本堂とおかめさんの逸話で知られる千本釈迦堂では、毎年7月9日から12日にかけて「陶器市」が行われます。多くの人びとに親しまれている恒例の行事で、五条坂と並ぶ二大陶器市として知られ、湯のみ・箸置き・茶碗などの日用雑器から、清水焼・有田焼・骨董品まで多様な陶器が所狭しと並べられます。中日の10日は、日常生活に欠かせない茶碗などの陶器と原料となる土に感謝を捧げて「陶器供養」が営まれます。

10

鉾建て【ほこたて】

[7/10～7/13] 鉾町各会所

鉾町の各会所では10日または11日から鉾の組立てを始めます。釘を1本も用いない「縄がらみ」という伝統の手法を用い、3日で完成します。

鉾建て

神輿洗式【みこしあらいしき】

八坂神社／P.175－四条大橋

松明の明かりで八坂神社の神輿を四条大橋まで導き、御神水で神輿を清めます。飛び散る水にかかると無病息災の御利益があるとされています。

11

〈二階囃子〉
各山鉾のお囃子の練習は、それぞれの町会所の二階に集まって練習することが多く、二階から「コンコンチキチン♪」の音色が流れることから「二階囃子」と呼ばれています。

12

鉾曳初め【ほこひきぞめ】

[7/12～7/13] 各鉾町

お囃子を奏でながら各鉾の試し曳きが行われます。老若男女誰でも参加でき、綱を曳くと厄除けになるとされます。

鉾曳初め

山建て【やまたて】

[7/12～7/14] 各山町

各山町では12日から14日の間に山の組立てを行います。同時に町会所では、優美な懸装品の飾り付けなども行われます。

13

長刀鉾稚児社参【なぎなたほこちごしゃさん】

八坂神社／P.175

長刀鉾の稚児が「お位」を授かるため、2人の禿（かむろ）や長刀鉾町の役員らを従え、馬に乗って八坂神社へ参詣します。この日より、五位少将と十万石大名と同等の格式を持つ「神の使い」となり、これを俗に「お位もらい」といいます。

14

屏風祭【びょうぶまつり】

[7/14～7/16] 山鉾町内各所　☎藤井絞（株）

17日の山鉾巡行を前に、14日は宵々々山、15日は宵々山、16日は宵山と呼ばれ、祭りの熱気が次第に高まり賑わいをみせます。祇園鉾町の旧家は所蔵する屏風などの家宝を人びとに披露する習わしがあり、そのため宵山は「屏風祭」とも呼ばれています。

藤井絞（株）の屏風祭

15

宵宮祭【よいみやさい】

八坂神社／P.175

20時、境内の明かりが消えた暗闇の中で、舞殿に安置された中御座・東御座・西御座の3基の神輿に神霊が遷されます。神霊は、順にスサノヲノミコト、クシイナダヒメノミコト、ヤハシラノミコガミです。

〈斎竹（いみたけ）建て1〉
この日、四条麩屋町の南北に青竹を建て、さらに巡行当日に注連縄を張って神域と俗世界を隔てます。先頭をゆく長刀鉾の稚児がこの注連縄を切ることで山鉾巡行が始まります。

16

石見神楽【いわみかぐら】

八坂神社／P.175

国の無形文化財「石見神楽」が奉納され、祭神のスサノヲノミコトがヤマタノオロチを退治する様を演じます。

あばれ観音【あばれかんのん】

南観音山

深夜23時半頃から、御神体の観音様を布で覆って台座に固定し、それを担いで走り回る南観音山の珍しい行事です。

石見神楽

17

山鉾巡行【やまほこじゅんこう】

四条烏丸ー四条河原町ー河原町御池ー御池新町

豪華絢爛な山鉾が京の町をゆく ▶▶ P.93

神幸祭【しんこうさい】

八坂神社／P.175ー四条寺町御旅所

16時からの本殿での祭典後、石段下で18時に出発式があります。その後、四条寺町御旅所への神輿渡御が行われます。

山鉾巡行

18

〈無言詣り〉

17日の神幸祭で神輿が御旅所に鎮座してから、24日の還幸祭前夜までの7夜連続、誰とも口をきかずに無言で御旅所へお参りすることができれば願いが叶うとされています。

19

〈稚児餅〉

神の使いとなるために八坂神社で行われる稚児社参の際に、神社門前の「中村楼」より供された神饌菓子が「稚児餅」。現在は13日から31日まで中村楼の茶店でいただけます。

20

お涼み【おすずみ】

城南宮／P.173

城南宮の本殿にて、9時より祭典が営まれます。夕刻になると本殿前に「方除安全」「無病息災」の木札を収めた2本の氷柱が供えられ、参拝者は氷柱に触れて暑気払いを行います。夜が深まると拝殿を囲む提灯に火がともり、神楽殿の表舞台において「お涼み神楽」が奉納されます。境内は多くの露店で賑わいます。

21

きゅうり封じ【きゅうりふうじ】

[21日と土用の丑の日] 神光院／P.173

京都三弘法のひとつとして知られる神光院では、7月21日と土用の丑の日に、弘法大師がきゅうりに病苦を封じ込めて病を取り除いたという「きゅうり封じ」の秘法が行われます。きゅうりに氏名・年齢・病名を書き、白い紙に包んで祈祷を受けた後、そのきゅうりで身体の悪い部分をなでて土に埋めると病気を封じ込めるといわれています。

22

〈鱧祭り〉
海が遠い京都では、生きたまま運べる生命力の強い鱧が重宝されてきました。とくに梅雨を吸った7月の鱧が最も美味しいといわれ、祇園祭は別名「鱧祭り」と呼ばれています。

23

〈斎竹（いみたけ）建て 2 〉
神泉苑南にある三条御供社の鳥居の右に斎竹を建て、芝を敷いて御幣（おはけ）3本が建てられます。還幸祭では神輿3基がここを通過するため「列見の辻」といわれています。

24

花傘巡行【はながさじゅんこう】

石段下ー市役所前ー八坂神社／P.175

「後の祭」が華やかな行列に ▶▶ P.94

還幸祭【かんこうさい】

四条寺町御旅所ー八坂神社／P.175

御旅所に鎮座していた3基の神輿が、所定のコースを巡行し、22時頃八坂神社へ還幸。神輿から神霊を本社に戻し、祭典を行います。

花傘巡行

25

鹿ケ谷かぼちゃ供養【ししがたにかぼちゃくよう】

安楽寺／P.171

京都では「夏の土用にかぼちゃを食べると病から逃れられる」と昔から伝えられています。毎年7月25日に安楽寺で行われる「鹿ヶ谷かぼちゃ供養」では、参詣者に煮炊きした鹿ヶ谷かぼちゃが振舞われる他、当日は寺宝の公開もされます。瓢箪の形をした珍しいかぼちゃで、鹿ケ谷で栽培されてきたことから名付けられました。

26

〈鹿ケ谷かぼちゃ〉
江戸時代、旅人が津軽国（現在の青森県）から持ち帰った種を鹿ケ谷の百姓が育てていると、いつのまにか瓢箪の形となり、「鹿ケ谷かぼちゃ」として珍重されるようになりました。

27

〈蓮〉
蓮は泥沼からまっすぐ生えて美しい花を咲かせることから、仏教の世界では、迷いや煩悩の世界（泥沼）の中にあっても、世俗に染まらない「悟り」の象徴とされてきました。

28

狸谷山火渡り祭【たぬきだにさんひわたりさい】

狸谷山不動院／P.173

柴灯護摩が行われた後、山伏の導きによって護摩の残り火の上を素足で渡り、難病退散・夏バテ防止を祈願します。

狸谷山火渡り祭

神輿洗式【みこしあらいしき】

八坂神社／P.175ー四条大橋

四条大橋で中御座の神輿を鴨川から汲み上げた御神水で清める儀式を行った後、神社の神輿庫に納めます。

29

神事済奉告祭【しんじすみほうこくさい】

八坂神社／P.175

八坂神社にて宮本組役員参列のもと、1日の吉符入りから約1ヵ月にわたって営まれた祇園祭が無事に終了したことを神前に奉告し、神恩に感謝する神事です。

30

〈きゅうりの切り口〉
八坂神社の神紋はきゅうりを輪切りにした断面と似ているため、畏れ多い・もったいないとして、八坂神社の祭礼である祇園祭の期間はきゅうりを食べない習わしとなりました。

七月（ふみづき）

31

疫神社夏越祭【えきじんじゃなごしさい】

疫神社（八坂神社境内）／P.175

祇園祭の最後を締めくくる神事。蘇民将来を祀る摂社「疫神社」の鳥居に設けた大茅の輪をくぐって厄気を祓い、無病息災を祈願します。

疫神社夏越祭

千日詣り【せんにちまいり】

愛宕神社／P.171

参拝すると千日分の功徳あり ▶▶ P.94

エトセトラ

御田祭【おんださい】

［第3日曜日］松尾大社／P.175

田の虫除けと五穀豊穣を祈る御田植祭のひとつ。松尾大社の氏子地区、下津林・松尾・嵐山の3地区から1人ずつ植女（うえめ）が選ばれ、古式にならって本殿での神事と舞の奉納が行われます。その後、宮司から早稲・中稲・晩稲の3種の稲の苗を植女が受け取り、神饌田（しんせんでん）にて御田植の神事が行われます。

御手洗祭【みたらしまつり】

［土用の丑の日前後の数日間］

下鴨神社／P.173

冷たい水に足を浸して
暑気払い ▶▶ P.94

〈みたらし団子〉

下鴨神社の御手洗池（みたらしいけ）は、地底から水が湧いており、その湧き上がる水泡を模して、「みたらし団子」の形ができたといわれます。門前の「加茂みたらし茶屋」でいただけます。

ほうろく灸祈祷【ほうろくきゅうきとう】

［土用の丑の日］三宝寺／P.173

土用の丑の日に行う日蓮宗独特の夏越しの行事です。参拝者は呪文を書いた炮烙（ほうろく）を頭に乗せ、もぐさを置いて火をつけます。煙が立ち昇る中、お経を激しく唱え、木剣で九字を切って悪霊を除きます。暑気払い・頭痛封じなどに効くといわれています。

本宮祭【もとみやさい】

［土用入り後初の日曜日または祝日］伏見稲荷大社／P.174

稲荷大神の分霊を祀る全国の崇敬者が参拝し、日々の神恩に感謝する大祭です。宵宮には境内全域の石灯籠や奉納提灯に火をともす万灯神事が行われ、稲荷山には赤い提灯でかたどった大鳥居が夜空に浮かび上がります。外拝殿および周辺には日本画家などの奉納による行灯画が展示され、参集殿前の広場では本宮踊りが奉納されます。

都を潤してきた水に感謝する祭典

7日　貴船《きぶね》の水《みず》まつり

貴船神社／P.172

貴船神社は、神武天皇の母である玉依姫が貴船川をさかのぼって当地に祠を建てたのが起こりとされ、鴨川の水源地にあたることから水の神として崇敬を集めてきました。水まつりは、古来の雨乞い神事に端を発し、水の神に対して日頃の恩恵を感謝する祭典として続いてきました。神事の後、裏千家宗匠による献茶式、藤森神社鳴鳳雅楽会による舞楽奉納、生間流式庖丁などが披露されます。

元禄時代の華やかな少女の舞

7日　蹴鞠《けまり》奉納《ほうのう》・七夕《たなばた》小町《こまち》踊《おど》り

白峯神宮／P.173

もとは宮中行事に始まる乞功奠（きこうでん・手芸、裁縫などの上達を祈願した行事）の際、貴族の詠んだ「和歌」を届ける文使いの娘たちが、その道中で歌い舞った踊りが起源とされる「七夕小町踊り」。乞功奠が民間行事の七夕になると、女子が手芸と芸事の上達を願う祭事へと定着し、西陣界隈の乙女が着物を着飾って町々を歌い踊るようになりました。現在も西陣の着物に鉢巻き姿の少女たちが踊りを奉納します。

豪華絢爛な山鉾が京の町をゆく

17日　山《やま》鉾《ほこ》巡《じゅん》行《こう》

四条烏丸－四条河原町－河原町御池－御池新町

午前9時、巡行の先頭をゆく長刀鉾に神使いの稚児が乗り込み四条麩屋町へと進み、斎竹に張られた注連縄を稚児が切ると、32基による山鉾巡行が始まります。山鉾は四条通から河原町通を北へ進み、御池通を西進して新町通へと巡行します。四つ角で方向転換する豪快な「辻回し」は見所のひとつ。また、鳴り響くお囃子の調子も始めの「渡り囃子」から、途中で「戻り囃子」に切り替わり、「神楽」「唐子」など各鉾によってさまざまな曲調を楽しむことができます。

「後の祭」が華やかな行列に

24日 花《はな》傘《がさ》巡《じゅん》行《こう》

石段下－市役所前－八坂神社／P.175

昔、祇園祭の山鉾巡行は17日の「先の祭」と、24日の「後の祭」に分かれていましたが、昭和41年、2つの祭りが統一されて17日に全基が巡行するようになりました。そのため、山鉾の古い形態を再現し、24日に行われるようになったのが「花傘巡行」です。10基余りの傘鉾をはじめ、花笠をかぶった女性や馬に乗った児武者など、1000人にもおよぶ華やかな行列が巡行します。

参拝すると千日分の功徳あり

31日 千《せん》日《にち》詣《まい》り

愛宕神社／P.171

京都の北西に高くそびえる愛宕山には愛宕神社が鎮座し、防火の「火伏せの神」として古くから厚い信仰を集めてきました。人びとは愛宕神社へ参詣し、「阿多古祀符火迺要慎」と記された火伏せの護符と、愛宕の神花である樒（しきみ）を持ち帰って火災除けを願います。とくに7月31日の夕刻から8月1日の早朝にかけて詣でると千日分詣でたのと同じ御利益があるとされ、夏の風物詩のひとつとなっています。

冷たい水に足を浸して暑気払い

土用の丑の日前後の数日間 御《み》手《た》洗《らし》祭《まつり》

下鴨神社／P.173

平安時代、貴族たちは季節の変わり目に清らかな水に手足を浸し、過去の罪や穢れを祓う「禊祓い」を行いました。下鴨神社で行われる「御手洗祭」は「足つけ神事」とも呼ばれ、平安貴族の習わしに由来する伝統行事。多くの老若男女が境内の御手洗池に足を浸し、御手洗社にろうそくをともして無病息災・延命長寿を祈ります。浴衣の裾をまくり上げ、御手洗池で涼を楽しむ人びとの姿に夏の暑さも和らぎます。日が暮れると、ろうそくの灯が水面に映り、幻想的な世界を演出します。

八月

【葉月】

旧暦では木々が落葉する秋にあたることから「葉落ち月」を略して「葉月」と呼ばれるようになったと伝えられています。

新暦の今では、汗をぬぐう身に蝉しぐれがふりそそぐ夏。お盆に迎えたお精霊（しょらい）さんを五山の送り火で静かに見送ると、少しずつ秋の気配がただよい始めます。

お盆の最後にご先祖様をお見送り

五《ご》山《ざん》の送《おく》り火《び》

[8/16]

夏の夜空に静かに浮かび上がる「五山の送り火」は、お盆（盂蘭盆・うらぼん）の始まりにあの世から帰って来た先祖の精霊をお盆の終わりに見送る行事。夜空に火を焚くことであの世へ通じる暗い道を明るく照らし、先祖の精霊が無事に帰れるようにと願って始められたなど、諸説が伝えられています。16日の20時、東山如意ヶ嶽で「大」の文字の火床に積み上げられた割木・護摩木に火がともると、送り火の始まり。20時10分には万灯籠山（松ヶ崎西山）と大黒天山（松ヶ崎東山）にそれぞれ「妙」と「法」、20時15分には西賀茂船山の船形と大北山の左大文字、そして20時20分には嵯峨鳥居本曼荼羅山の鳥居形と、１時間弱の間にそれぞれの文字が五山に次々と点火されていきます。人びとは赤々と燃え、消えていく炎を見送りながら晩夏の夜の静かなひとときを過ごします。

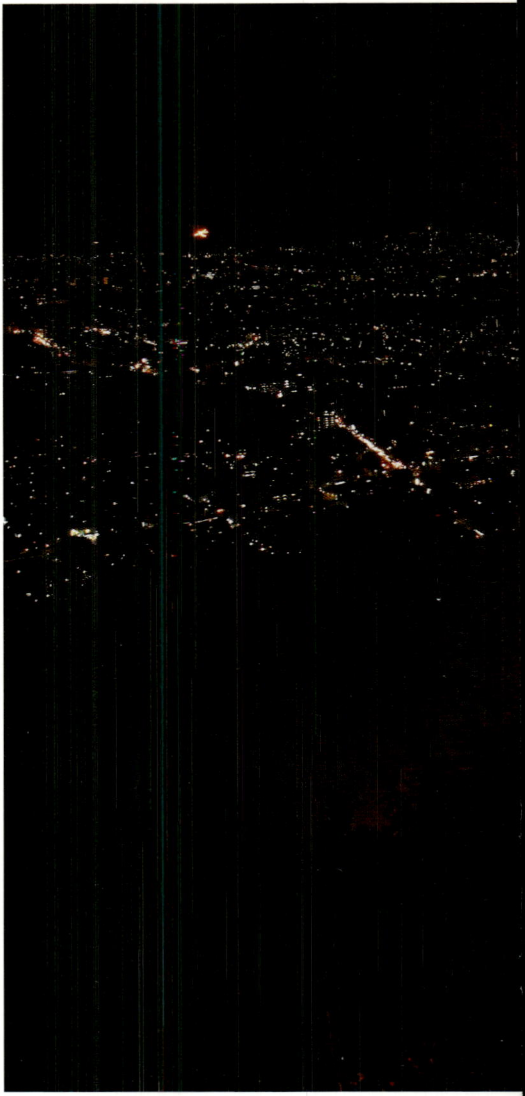

「大」の文字がともされた東山如意ヶ嶽山頂からの送り火の光景。火床がいくつも連なって文字が形づくられます。当日、関係者以外の人は、山に登ることはできませんが、京都盆地の北部にある船岡山では、鳥居形を除く四山の文字を望むことができます。

☎大文字五山保存会連合会事務局

the main event of August

大文字の主な見所スポットは、下鴨神社の西方にある出雲路橋や、高野川と賀茂川の合流地点に架かる賀茂大橋。高野川堤防からは大文字と「妙」「法」が望めます。また、上賀茂神社の西方にある御薗橋からは船形、金閣寺周辺では左大文字、清涼寺北方では鳥居形が望めます。

八朔【はっさく】

各花街

1

旧暦8月1日は「八朔（8月朔日・朔日は1日のこと）」といいます。この頃、稲の穂が実る初秋にあたり、古くから農家では豊作を祈願するとともに、初穂を恩人に贈って秋の実りを祝いました。今もその風習が残る花街では、正装の黒紋付姿の芸舞妓さんたちが日頃お世話になっている芸事のお師匠さんやお茶屋さんへ挨拶まわりをします。

2

3

〈夏の京町家〉

京町家には、陽射しや放射熱を遮る「庇（ひさし）」「高塀」、屋根の熱を一階に伝えない「中二階」、上昇する暖気を越屋根（こしやね）から逃がす「高天井」など、暑い夏を涼しく過ごす知恵と工夫が随所に見られます。また、夏になると建具を「簾戸（すど）」や「格子」に替えて、風の通りを良くし、表通りに打ち水をすると、気化熱による上昇気流が生まれ、奥の坪庭から表通りへと爽やかな風が部屋を吹き抜けます。軒下に吊るす風鈴が涼風に泳ぐ様を楽しむのも、夏の粋な過ごし方です。

4

〈大徳寺納豆〉

一休禅師が製法を伝えたという「大徳寺納豆」。大徳寺門前の「大徳寺一久」では、夏場に大豆を炊き、炎天下で発酵させる伝統的な製法で作られます。粘りはなく、塩辛さが特徴。

醍醐山万灯会【だいごさんまんとうえ】

醍醐寺／P.173

5

ご先祖様や所縁の精霊を供養し、尊い生命に感謝の念を捧げる行事です。日が暮れると参道の灯籠や提灯がともる中、ライトアップされた国宝の金堂と五重塔が幽玄な姿を呈します。五重塔では施餓鬼精霊供養法要が行われます。

6

〈幽霊子育飴〉
亡くなった女性がお墓の中で生んだ赤ちゃんに飴を買い与えていたという伝説に由来する飴菓子。冥界への入り口とされる「六道の辻」近くの「みなとや幽霊子育飴本舗」で販売。

7

六道まいり【ろくどうまいり】

[8/7～8/10] 六道珍皇寺／P.175

「迎え鐘」でご先祖様の霊をお迎え ▶▶ P.105

五条坂陶器まつり【ごじょうざかとうきまつり】

[8/7～8/10] 五条坂一帯 ☎陶器祭運営協議会事務局

五条坂一帯を埋めつくす大陶器市 ▶▶ P.105

五条坂陶器まつり

8

お精霊迎え·送り【おしょらいむかえ・おくり】

[8/8～8/12、8/16] 千本釈迦堂（大報恩寺）／P.173

先祖の精霊を迎えるための法要が5日間にわたって営まれ、6体の観音菩薩像が御開帳されます。16日はお精霊送り。

六波羅蜜寺万灯会【ろくはらみつじまんとうえ】

[8/8～8/10、8/16] 六波羅蜜寺／P.175

空也上人が応和3（963）年に高僧を集めて行ったのが始まりといわれ、堂内では灯明が「大」の形にともされます。

六波羅蜜寺万灯会

9

盂蘭盆万灯供養会【うらぼんまんとうくようえ】

[8/9～8/16] 壬生寺／P.175

お盆にご先祖様を迎え、送る行事です。9日には、約1100基の灯籠がともる中、壬生六斎念仏が行われ、地元の小学生も加わって多彩な演目が奉納されます。また、お盆の期間に各家に迎えたお精霊をふたたび送る日である16日には、中堂寺六斎念仏が奉納されます。

10

宇治川花火大会【うじがわはなびたいかい】

宇治公園・宇治川畔一帯 ☎宇治市観光協会

「宇治川花火大会」は、約70種7000発もの花火が打ち上がる、京都では貴重な大花火大会です。この地が「宇治十帖」の舞台であることにちなみ、例年「源氏ロマン」がテーマ。紫式部をイメージした紫がベースの花火など、夏の夜空に華麗な花火が舞い上がります。

11

納涼古本まつり【のうりょうふるほんまつり】

[8/11～8/16] 糺の森／P.162 ☎京都古書研究会（井上書店）

清らかな小川が流れる糺の森の木陰で8月11日から行われる夏の恒例行事。古本商が軒を連ね、希少価値のある雑誌や漫画・美術書など多種多様な古本が並びます。約80万冊もの中からお気に入りの1冊を探し出す楽しみを求めて、全国から古本ファンが訪れます。

12

〈精霊馬〉
きゅうりやなすに楊枝を刺して作る動物は、お盆のお供え物。きゅうりは「馬」、なすは「牛」とされ、ご先祖様のお精霊が帰省し、ふたたびあの世へ戻る際の乗り物をあらわしています。

13

〈精霊とんぼ〉
お盆の頃に現れるとんぼを「精霊とんぼ」と呼び、ご先祖様がとんぼの姿となって里帰りしてくると伝えられています。そのため、お盆中の殺生を戒める風習が残っています。

14

東大谷万灯会【ひがしおおたにまんとうえ】

[8/14～8/16] 東大谷（大谷祖廟）／P.174 ☎東大谷墓地事務所

墓地を優しく照らす1万の提灯 ▶▶ P.106

佐伯灯籠人形浄瑠璃【さえきどうろうにんぎょうじょうるり】

薭田野神社／P.174 ☎ＪＲ亀岡駅前観光案内所

五穀豊穣を願う農民の祭りの一環として始まった行事。背丈30cmほどの串人形を操る歌舞伎調の人形浄瑠璃が演じられます。

佐伯灯籠人形浄瑠璃

15

花背の松上げ【はなせのまつあげ】

左京区花背八桝町 ☎左京区役所花背出張所

大松明を燃やし愛宕の神へ献火 ▶▶ P.106

お精霊迎え・送り【おしょらいむかえ・おくり】

[8/7～8/16] 千本閻魔堂（引接寺）／P.173

旧盆のこの日に迎え鐘を撞くと、先祖の「おしょらいさん」がえんま様の許しをもらって各家庭に帰ってくると伝えられています。

千本閻魔堂のお精霊迎え・送り

16

五山の送り火【ござんのおくりび】

市内各所　☎大文字五山保存会連合会事務局

お盆の最後にご先祖様をお見送り ▶▶ P.96

嵐山灯篭流し【あらしやまとうろうながし】

嵐山・渡月橋一帯　☎嵯峨仏徒連盟

送り火を見守り大堰川で灯籠流し ▶▶ P.106

〈送り鐘〉
ご先祖様の精霊を迎えるために撞く六道珍皇寺の「迎え鐘」に対して、矢田寺の鐘は「送り鐘」と呼ばれています。精霊送りの16日には、多くの参拝者で賑わいます。

17

〈送り火のから消し〉
大文字の送り火の点火資材は、人びとの願いが込められた護摩木。送り火の後、火床に残る消し炭を、家の門口に吊るしておくと厄除けや盗難除けの御利益があると伝わります。

18

〈追い出しあらめ〉
海藻の一種で、京都では「8」の付く日のおばんざいとしてなじみのある食材。また、お盆で迎えたお精霊さんを見送る日には、あらめを炊いてお供えするという習わしがあります。

19

〈大文字を飲む〉
大文字の送り火の16日、「大」の文字を酒の盃に映して飲み干すと、中風にならないという古くからの言い伝えがあります。昔の人はこうして風流な夏の夜を過ごしていました。

20

大覚寺宵弘法【だいかくじよいこうぼう】

大覚寺／P.173

ご先祖様に捧げると同時に、真言宗の開祖・弘法大師空海の遺徳を偲ぶために行う万灯会です。大沢池のほとりに施餓鬼棚が設けられ、「お施餓鬼」の法会が営まれた後、池の中央に丸太を組み上げた「嵯峨の送り火」の祭壇に火がともり、闇を明るく照らします。

21

〈地蔵盆〉
町内のお地蔵さんを祀り、子の健やかな成長を願うもので、8月23日、24日あたりに開かれます。京都では子どもが生まれると、子の名を書いた提灯を奉納する習わしがあります。

22

京の六地蔵めぐり【きょうのろくじぞうめぐり】[8/22～8/23]

源光寺・地蔵寺・上善寺・浄禅寺・大善寺・徳林庵／P.172～P 174

地蔵菩薩とは、仏教を開いた釈迦の入滅後、仏が不在となった世界で人びとを救済してくれる菩薩のこと。地蔵菩薩は、すべての人びとが生死を繰り返す6つの世界「六道」の救済にあたることから、街道沿いにある市内6ヵ所のお地蔵様を巡拝する信仰が生まれました。各寺で授与される6色の御幡（おはた）を家の間口に吊るすと御利益があるとされます。

23

千灯供養【せんとうくよう】

[8/23～8/24] 化野念仏寺／P.171

化野は古くからの葬送地で、江戸時代まで風葬の習わしが続き、辺りには無縁仏となった石仏が数多く埋もれていました。仏野念仏寺には、辺り一帯から集められた無縁仏の石仏や石塔が約8000体も並び、毎年8月23・24日の夜、無縁仏に献灯する「千灯供養」が行われ、境内は幻想の世界に包まれます。嵯峨野の晩夏の風物詩です。

24

雲ヶ畑、広河原の松上げ【くもがはた、ひろがわらのまつあげ】

雲ヶ畑　☎北区役所雲ヶ畑出張所
左京区広河原下之町　☎左京区役所花背出張所

雲ヶ畑の「松上げ」は、勢力争いの末に敗れた惟喬親王を慰めるために始まった行事で、松明を点火し毎年異なる文字を浮かび上がらせます。広河原では、約20mの丸太の先端めがけて松明を投げ込みます。形態は異なりますが、ともに五穀豊穣と火除けを祈願します。

広河原の松上げ

25

〈賀茂なす〉
江戸時代、京都御所に献上された紀州のナスを、上賀茂で栽培したのが「賀茂なす」の起源です。ボールのような正円形をしていて、「なす田楽」に欠かせない夏の京野菜です。

26

〈木槿（むくげ）〉
夏の百日に咲く木槿は、別名「百日花」。西林寺では、平安の昔、慶俊僧都が悟りを開いた時、木槿の陰から地蔵尊が現れたことにちなみ、本尊を「木槿地蔵尊」として祀っています。

27

修学院紅葉音頭【しゅうがくいんもみじおんど】

修学院離宮前　☎修学院紅葉音頭保存会

「修学院紅葉音頭」の始まりは徳川末期頃と伝えられており、今も修学院の伝統行事として受け継がれています。松明をつけて提灯の前に座り、酒で乾杯する儀式の後、前奏の「にわか踊り」から「題目踊り」へと続き、その後いよいよ「紅葉音頭」が始まります。

28

〈大日さん〉
地蔵盆とよく似た催しで、夏の終わりの頃、大日如来を祀る町内で行われる習わしです。提灯を祠に下げてお供え物をし、町内の子どもたちの健やかな成長と幸せを願います。

29

〈六斎念仏〉
平安時代、空也上人が人びとにわかりやすく仏の教えを示すために、踊りながら念仏を行った踊躍（ゆやく）念仏が六斎念仏のルーツ。後に盂蘭盆に結びつき、お盆の時期に多く催されるようになりました。六斎念仏には2種類あり、ひとつは念仏六斎で、西方寺六斎念仏・上鳥羽六斎念仏などで見られる、鉦（かね）や太鼓を叩きながら念仏を唱えるもの。もうひとつは芸能六斎で、壬生六斎念仏・吉祥院六斎念仏などで見られ、能の「土蜘蛛」をアレンジした演目や、太鼓の回し打ちなど、念仏の合間に娯楽性のある芸能を取り込んだものです。

30

31

エトセトラ

友禅流しファンタジー【ゆうぜんながしふぁんたじー】

［8月上旬の土曜日・日曜日］鴨川河川敷（三条－四条間）
☎京都染織青年団体協議会

京友禅の作業工程で糊や余分な染料を洗い流す「友禅流し」は、かつて鴨川などで見られる風物詩のひとつでした。現在は環境保全のために行われませんが、「友禅流しファンタジー」では、ライトアップされた鴨川の中、完成品の反物で「友禅流し」が再現されます。

矢取神事【やとりしんじ】

［立秋前夜］下鴨神社／P.173

祭神を生んだ故事にちなむ神事 ▶▶ P.105

久多花笠踊【くたはながさおどり】

［8/24に近い日曜日］志古淵神社／P.173 ☎久多花笠踊保存会

京都市最北端に位置する左京区久多の産土神・志古淵神社に奉納される念仏踊のひとつとして、室町時代より続いています。「花笠」は菊・バラなどの造花が施された風流灯籠で、その花笠を持ち、鉦や太鼓の音に合わせて、ゆらゆらと踊る姿は幻想的な趣があります。

立秋前夜

祭神を生んだ故事にちなむ神事

矢《や》取《とり》神《しん》事《じ》

下鴨神社／P.173

祭神である玉依媛命が川遊びをした際、流れ着いた1本の矢を持ち帰ると懐妊し、賀茂別雷神を生んだという故事にちなむ神事であることから「矢取神事」と呼ばれ、一年の厄を払い、無病息災を祈願して行われます。御手洗池に斎竹（いみだけ）を立てて清め、池の真ん中に斎矢（いみや）を立て、奉納された厄除けの人形が流されると、氏子男子が一斉に飛び込んで矢を奪い合います。

7日～10日

「迎え鐘」でご先祖様の霊をお迎え

六《ろく》道《どう》まいり

六道珍皇寺／P.175

「六道まいり」は、ご先祖様の精霊（しょうりょう・死者の霊魂）をあの世からこの世に迎える伝統の仏教行事です。人びとは参道の花屋で高野槇（こうやまき）を買い、本堂で水塔婆（みずとうば）にご先祖様の戒名を書いてもらいます。地蔵堂では高野槇の穂先でその水塔婆に水を手向ける水回向（みずえこう）を行います。十万億土のあの世まで響くという「迎え鐘」を撞いてご先祖様の精霊をこの世に呼び寄せ、高野槇に御霊を宿らせ帰宅し、ご先祖様とともにお盆を迎えます。

7日～10日

五条坂一帯を埋めつくす大陶器市

五《ご》条《じょう》坂《ざか》陶《とう》器《き》まつり

五条坂一帯　☎陶器祭運営協議会事務局

昔、清水寺の麓から鴨川にいたる五条坂一帯には多くの陶工が住み、清水焼を作陶していました。現在、清水焼を焼く窯のほとんどが山科へと移転しましたが、今も五条坂には多くの陶芸作家・卸店・小売店が軒を並べています。「五条坂陶器まつり」は、五条坂一帯に約500軒の陶器を売る露店が並び、全国から約50万人もの人が訪れる日本最大の陶器市で、市価の約20%～50%引きで買うことができます。

14日~16日

墓地を優しく照らす1万の提灯

東《ひがし》大《おお》谷《たに》万《まん》灯《とう》会《え》

東大谷（大谷祖廟）／P.[illegible]74 ☎東大谷墓地事務所

東山大谷の地に、浄土真宗の宗祖・親鸞聖人の墓所「大谷祖廟（通称・東大谷）」があります。現在の祖廟には、親鸞聖人の遺骨とともに、東本願寺の歴代門主や門信徒の遺骨が納められており、隣接する東大谷墓地には数万基にのぼる門信徒の墓が並びます。お盆に先祖の供養を行う「東大谷万灯会」では、献灯された約1万の提灯に火がともり、辺りが幻想的な光景に包まれます。

15日

大松明を燃やし愛宕の神へ献火

花《はな》背《せ》の松《まつ》上《あ》げ

左京区花背八桝町 ☎左京区役所花背出張所

愛宕信仰による火伏せの神への献火と、お盆に行われる精霊の送り火が習合した行事といわれ、秋の収穫を前に五穀豊穣と火除けを祈願する洛北の火祭りです。約1000本の松明がともされると、鉦（かね）や太鼓が鳴る中、高さ約20mの丸太の上に設けられた「大笠」に向け、男衆が「上げ松」と呼ばれる松明を投げ込みます。大笠に火がつくと、丸太が倒され、荘厳な火の祭礼は山里に夏の終わりを告げます。

16日

送り火を見守り大堰川で灯籠流し

嵐《あらし》山《やま》灯《とう》篭《ろう》流《なが》し

嵐山・渡月橋一帯 ☎嵯峨仏徒連盟

灯籠流しは、先祖を供養して精霊を送る魂送りの行事です。昭和22年に始められた「嵐山灯篭流し」では、渡月橋を渡った中ノ島公園で法要が営まれた後、約8000個の灯籠が流されます。ちょうどその日は市内各所で「五山の送り火」が行われ、嵐山からは曼荼羅山の「鳥居形」を望むことができます。ゆらゆらと川面を照らす灯籠と送り火の光景が同時に目の前に広がり、辺りは幻想的な世界に包まれます。

九月

【長月】

昼と夜の長さが同じになる秋分の日を境に、だんだんと夜の時間が長くなっていく月ということから「夜長月」が転じたと伝えられています。また、9月9日の重陽の節句には菊の露入りの酒を飲んで不老長寿を祈ったことにちなみ「菊月」「菊見月」との別名もあります。
各社寺で観月の行事が催され、涼やかな秋の夜長を感じる9月です。

中秋の日、下鴨神社では「名月管絃祭」が行われ、かがり火が焚かれた幽玄な舞台の上で、雅楽の調べの中、舞楽が演じられます。十二単の平安貴族舞などが奉納される他、斎庭には茶席が設けられます。

下鴨神社／P.173

夜空を照らす満月に思いを寄せて

中秋《ちゅうしゅう》の名月《めいげつ》

[中秋]

平安の昔から、銀色に輝く月の美しさに心を奪われてきた都の人びと。中でも旧暦8月15日の夜空に輝く満月を「中秋の名月」と称して、この日の観月に特別な思いを寄せてきました。十五夜を過ぎると月が夜空に姿を見せる時刻はしだいに遅くなり、月の出を今か今かと待ち焦がれた人びとは、十七夜を「立待月（たちまちづき）」、十八夜を「居待月（いまちづき）」などと名付け、十六夜以降、夜明けの空にまだほのかに残る月を総称して「有明の月」と呼ぶなど、月への深い思いを言葉や歌に託してきたのです。

その思いは今も受け継がれ、池に船を浮かべて風雅な観月を楽しむ大覚寺の「観月の夕べ」、雅楽の音とともに月を愛でる下鴨神社の「名月管絃祭」、中秋の名月の頃に収穫期を迎える芋を供え名月を鑑賞する北野天満宮の「名月祭（芋名月）」など、各社で観月の催しが開かれます。

風光明媚な地として平安貴族にも愛された嵯峨野。中秋の頃の3日間、大覚寺では境内の大沢池に龍頭鷁首（りゅうとうげきす）を付けた屋形船を浮かべたり、茶席を設けて観月を愉しむ、風流な催し「観月の夕べ」が開かれます。

大覚寺／P.173

1

〈長月〉
夏から秋へ、季節が移ろう9月。「長月」の由来は、夜がしだいに長くなる月であることから「夜長月」を語源とする説や、雨が長く続く月「長雨月」、稲穂が長くなる月「穂長月」 が転じたとする説など諸説が伝えられています。また、旧暦では紅葉シーズンにあたり、木の葉が赤や黄色に色づき始めることから「色取月（いろどりづき）」ともいわれています。

2

3

〈丹波くり〉
丹波で採れるくりは、都への献上物や年貢米の替わりとして献上されてきた歴史を持ちます。実が大きく、ツヤがあるのが特徴で、京都の秋の味覚を代表する名産のひとつです。

4

〈秋の七草〉
山上憶良が『万葉集』の中で＜秋の野に咲きたる花を指折りかき数ふれば七種の花＞と詠んだ和歌にちなみ、ハギ・ススキ・クズ・ナデシコ・オミナエシ・フジバカマ・キキョウの7種が『秋の七草』に数えられます。「春の七草」は七草粥を食べて無病息災を願いますが、「秋の七草」は食べるのではなく、季節の移ろいを愛でるものとして、古来より短歌や俳句に詠まれてきました。

5

6

〈コスモス〉
花の形が桜に似ていることから和名は「秋桜」。毎年9月になると、「嵐山─高尾パークウエイ」の「フラワーパーク・コスモス園」では、約30万本以上のコスモスが咲き誇ります。

7

お登勢まつり【おとせまつり】

寺田屋／P.171

寺田屋は、坂本龍馬が襲撃を受け、後に妻となるお龍の機転によって命拾いをしたエピソードが残る伏見の船宿。お登勢は寺田屋6代目主人・寺田屋伊助の妻で、夫亡き後は、女将として寺田屋を取り仕切り、龍馬ら志士たちの人望を集めました。お登勢の命日にあたるこの日、寺田屋保存会によって建てられたお登勢明神で法要が営まれます。今現在は、一般のイベントとしてではなく、内輪の人たちによって厳かに行われます。

8

〈彼岸花〉
道端や田んぼのあぜ道を赤く彩る「彼岸花」。彼岸の頃に咲くことからこの名で呼ばれていますが、梵語で「天界に咲く花」を意味する「曼珠沙華」（まんじゅしゃげ）という別名も。

9

重陽の神事と烏相撲【ちょうようのじんじとからすずもう】 上賀茂神社／P.172

菊を供え、子どもは相撲、刀弥は烏に!? ▶▶ P.118

重陽の節会【ちょうようのせちえ】

法輪寺／P.174

慈童（じどう）が菊の花の露を飲んで長寿を得たという中国の故事にちなみ、菊酒で不老長寿を願います。

〈重陽〉
中国では古くから奇数を「陽数」、偶数を「陰数」とし、奇数の日を良い日としました。最も大きな奇数9が重なる9月9日を「重陽」として重んじ、菊酒で長寿を願います。

10

九月（ながつき）

11

12

〈萩〉
草かんむりに秋と書く「萩」。萩は秋の七草にも数えられ、京都に初秋の華やぎをもたらします。梨木神社は参道や境内に約500株の萩を咲かせることから「萩の宮」と称されます。

13

〈京たんご梨〉
秋の人気の味覚、梨。「京たんご梨」は、「ゴールド二十世紀梨」という新品種の中でも糖度と品質の高いものだけを選別した丹後地方自慢の一品で、爽やかな甘さが特徴です。

14

御鎮座記念祭・奉灯祭【ごちんざきねんさい　ほうとうさい】

平野神社／P.174

平安京遷都に際して奈良から現在の地へ移されたことを記念する祭りです。神事が営まれた後、夕方からは奉灯祭が行われ、数百もの提灯の明かりがゆらめく中、拝殿で日本舞踊や能・詩吟などが奉納されます。また、参拝者には甘酒が振舞われます。

15

石清水祭【いわしみずさい】

石清水八幡宮／P.172

京都の「南祭」は、暗夜の王朝絵巻 ▶▶ P.118

本能寺放生会【ほんのうじほうじょうえ】

本能寺／P.175

生物の霊を弔って供養し、生き物の命に感謝する行事。本能寺で法要を営んだ後、鴨川・三条大橋付近に出向き、川魚を放流します。

本能寺放生会

16

〈うぞうすい〉
方広寺・豊国神社・耳塚と豊臣秀吉ゆかりの地である七条本町界隈に店を構える「わらじや」は、「うぞうすい（鰻の雑炊）」の老舗として創業400年を誇ります。店の屋号「わらじや」は、秀吉がわらじを脱いでお店にあがったことに由来し、店の前には大きなわらじが看板代わりに掲げられています。白焼きにした鰻を餅・椎茸・人参・ごぼうとともに卵でとじた雑炊は絶品です。

17

18

豊国神社例祭【とよくにじんじゃれいさい】

[9/18～9/19] 豊国神社／P.174

豊臣秀吉を祀る豊国神社は、方広寺の大仏殿跡に建てられた社。この日は旧暦8月18日の秀吉の命日にあたることから、神事や舞楽の奉納が行われ、毎月18日に開かれるフリーマーケット「おもしろ市」も賑わいます。翌19日は薮内宗家家元による献茶祭が営まれます。

19

神苑無料公開【しんえんむりょうこうかい】

平安神宮／P.174

東・中・西・南の4つの庭が社殿を取り囲む平安神宮の神苑。作庭家・7代目小川治兵衛が手がけたもので、春の紅しだれ桜に始まり、四季折々の美しい趣を見せます。昭和56年のこの日、南神苑に「平安の苑」が開設されたのを記念し、神苑内が1日無料公開されます。萩や藤袴など、初秋の色に染まる神苑を観賞することができます。

20

〈首都は京都？〉
明治元年9月20日は天皇が江戸へ出発した日。以降、「首都は東京」が通念ですが、天皇の在所を示す高御座（玉座）が今も京都御所にあることから、「首都は京都」という学説も。

21

上京薪能【かみぎょうたきぎのう】

白峯神宮／P.173

祭神・崇徳天皇の秋季例大祭にあわせて行う上京区の恒例行事。かがり火がゆらめく舞台で舞囃子・仕舞・能狂言が演じられます。

四国八十八ヶ所お砂踏法要【しこくはちじゅうはちかしょおすなふみほうよう】

［9/21～9/23］今熊野観音寺／P.171

1日で四国八十八ヶ所を制覇!? ▶▶ P.118

四国八十八ヶ所お砂踏法要

22

晴明祭【せいめいさい】

晴明神社／P.173

陰陽師として数々の伝説を残した安倍晴明を祀る晴明神社で最も重要な祭事です。かつては、晴明の命日である9月26日に行われました。初日の宵宮祭では迎え提灯のお練りや湯立神楽の奉納が行われ、翌日の神幸祭では、子どもの鼓笛隊を先頭に鉾や神輿が巡行します。

23

24

〈秋分と彼岸〉

秋分の日は春分の日と同じく、太陽が真東から出て真西に沈む日。秋の彼岸とは、この秋分の日を中日として前後3日を合わせた7日間のこと。この「彼岸」とは、元来、煩悩に満ちた世界「此岸（しがん）」から解脱した悟りの世界を指しています。煩悩に満ちたこちら（此）の世を現世、死後のあちら（彼）の世を極楽浄土ととらえ、亡くなった先祖たちの霊が住む世界を「彼岸」と考えるようになりました。太陽が西方極楽浄土の方角である真西に沈むことから、彼岸にはお墓参りを行い、仏壇のある家では花や故人の好物、おはぎなどを供え、供養をする習わしが生まれました。

25

26

〈紫ずきん〉
「紫ずきん」は、丹波黒大豆から生まれた高品質の黒枝豆です。大粒で味が濃く、甘味があるのが特徴。豆がずきんの形に似ていることからこの名で呼ばれます。

27

28

〈山紫水明の都〉
江戸後期の儒学者・頼山陽（らいさんよう）は、京の鴨川のほとりに邸宅を構え、紫に霞む東山と澄み切った鴨川の流れを一望にする書斎を「山紫水明処（さんしすいめいしょ）」と名付けました。以来、風光明媚な景色を「山紫水明」と表現するようになり、京都は「山紫水明の都」と称されるようになりました。晩年、頼山陽は山紫水明処で多くの書籍を執筆し、その中でも源平争乱から徳川家までの武家の盛衰興亡を著した歴史書の「日本外史（にほんがいし）」は、幕末における歴史観に大きな影響を与えることになりました。

29

30

〈京料理〉
京料理は、都として洗練されてきた文化の中で培われた感性や技、旬の食材を生かして京都の豊かな四季を巧みに映し出す料理。豆腐や湯葉、野菜を主体としてつくる精進料理、茶の湯とともに発展した懐石料理、日常食として家庭に受け継がれる「おばんざい」なども京料理です。また、新年の白味噌仕立てのお雑煮や雛祭りのばら寿司など、人びとの暮らしに根づいた行事食も京料理といえます。季節の移ろいとともに食卓に並ぶ料理も移ろう――。外の自然そのものからではなく、料理を五感で味わうことで得る季節感というのもまた乙なものです。

エトセトラ

八朔祭【はっさくさい】

［第1日曜日］松尾大社／P.175ー嵐山・渡月橋上流一帯

旧暦の8月1日（八朔）にあたるこの頃、早稲の穂が豊かに実りますが、風雨の被害も多いため、五穀豊穣や風雨安泰を祈る「八朔祭」が松尾大社にて行われます。子どもの健やかな成長を祈る「赤ちゃん相撲」や、神輿を嵐山の大堰川で渡御する「女神輿巡幸」が見所です。

御田刈祭【みたかりさい】

［第2日曜日］大原野神社／P.172

五穀豊穣に感謝する祭りです。力士が清めの塩を包んだ紙を口にくわえて2戦取り組み、1勝1敗の結果で終える「神相撲」は、約290年間にわたって続く神事で、争わず助け合うことを神に示すとされています。子ども相撲、赤ちゃんの土俵入りなども奉納されます。

萩まつり【はぎまつり】

［第3または第4日曜日前後］梨木神社／P.174

初秋の頃、境内一円に萩の花が咲き、「萩の宮」とも称される梨木神社。萩の見頃にあわせて「萩まつり」が開かれ、献詠短歌や虫かごに入れた鈴虫が神前に奉納されます。境内の萩には、短歌や俳句をしたためた短冊が結ばれ、狂言や舞踊なども奉納されます。

御香宮神能【ごこうのみやしんのう】

［第3日曜日］御香宮神社／P.172

御香宮神社は、平安時代に境内から香りの良い水が湧き出し、清和天皇から「御香宮」の名を賜ったというエピソードを持つ古社。「御香宮神能」は、室町時代から約600年以上にもわたって行われてきた歴史があり、現在も伏見の初秋の行事として多くの人びとで賑わいます。日が暮れると、ろうそくがともされた幻想的な境内の舞台で、観世流の能楽や大蔵流の狂言などが奉納されます。

高瀬川舟まつり【たかせがわふねまつり】

［秋分の日］高瀬川一之舟入り付近／P.162

☎銅駝高瀬川保勝会（金茶寮内）

高瀬川は、江戸時代の豪商・角倉了以が材木や物資の輸送のために鴨川から水を引いて作った運河で、市電が発達するまでは荷物を積んだ高瀬舟が往来していました。川の起点にあり、現存する唯一の舟入り付近では、秋分の日、先斗町の舞妓さんによるお茶の接待や復元した高瀬舟の試乗などの催しが行われます。

千日功徳会【せんにちくどくえ】

［彼岸の中日］金蔵寺／P.172

創建以来、度々の火災に遭った金蔵寺。現在の堂宇は、桂昌院によって再建されたもので、明治の神仏分離令で火伏せの神を祀る愛宕山から移された勝軍地蔵を祀ります。この日にお参りをすれば千日お参りしたことになり、千日分の功徳が得られるといわれています。火災や煩悩の火を鎮めることを願って護摩法要が営まれます。

櫛祭【くしまつり】

［第４月曜日］安井金比羅宮／P.175

花街祇園の近く、悪縁を断ち切り良縁を結ぶ御利益で知られる安井金比羅宮。「櫛祭」は使い古した櫛へ感謝の念を捧げ、供養を行う祭りです。供養の後、各時代の髪型と衣装を模した舞妓さんなどの女性たちが、華やかな時代風俗行列となって祇園を練り歩きます。

中秋の名月【ちゅうしゅうのめいげつ】

［中秋の日］

〈芋料理〉

「中秋の名月」は、ちょうど里芋の収穫期にあたり、古くは芋を月見に供えたことから「芋名月」とも呼ばれていました。中秋の日、月に芋料理を供えて食べる習慣が残っています。

夜空を照らす満月に思いを寄せて ▶▶ P.108

へちま加持【へちまかじ】

［中秋の日］赤山禅院／P.173

中秋の日、京都の鬼門を守る赤山禅院では本堂にへちまのお牘（ふだ）が供えられ、千日回峰の大阿闍梨が、天台宗の秘法「へちま加持祈祷」を行います。ぜんそく封じの効き目があるとされる「へちま護符」が授与される他、へちま汁・粗飯などの接待があります。

菊を供え、子どもは相撲、刀弥は烏に!?

9日 重陽《ちょうよう》の神事《じんじ》と烏相撲《からすずもう》 上賀茂神社／P.172

9月9日、陽数の「9」が重なることから「重陽」といい、厄除け祓いの日とされます。上賀茂神社では菊を供えて無病息災を願う「重陽の神事」が行われます。また、祭神の祖父が、八咫烏（やたがらす）となって神武天皇の先導を務めたことと、悪霊退治としての相撲が結びついた「重陽の神事」は、立砂の前で白装束の刀弥（とね）が横跳びをし、烏の鳴きまねをする珍しい神事。子どもの相撲も奉納されます。

京都の「南祭」は、暗夜の王朝絵巻

15日 石清水祭《いわしみずさい》 石清水八幡宮／P.172

「石清水祭」は、葵祭・奈良の春日祭とともに天皇の命で執り行われた歴史を持つ日本三大勅祭のひとつ。貞観5（863）年、祭神の八幡大神が、あらゆる生命の平安と幸福を願い、川で魚鳥を解き放ったとされる放生会を起源とします。15日の未明から山上の本殿において、神輿の原型とされる鳳輦（ほうれん）に祭神を移した後、約500人の平安装束の行列が、暗闇の山を下り、放生会などの神事を行います。

1日で四国八十八ヶ所を制覇!?

21日～23日 四国八十八ヶ所《しこくはちじゅうはちかしょ》お砂踏法要《すなふみほうよう》 今熊野観音寺／P.171

四国にある弘法大師をゆかりとする八十八ヶ所の霊場を巡ると満願成就すると伝えられる「四国遍路」は、徒歩で巡ると40日ほどかかるといわれます。今熊野観音寺で行われる「四国八十八ヶ所お砂踏法要」は、全霊場の砂が道場内に並べて敷かれ、その上を踏んでお参りすると、全所を巡拝したのと同じ御利益があるとされ、遠方の方や巡拝の困難な人をはじめ多くの参拝者が訪れます。

十月

【神無月】

天照大神が天岩戸に隠れて世の中が真っ暗になってしまったことを憂い、諸国の神々が出雲国に集って話し合いを行ったという神話にちなんで、諸国に神がいない「神無月」と呼ばれるようになったと伝えられています。反対に、当の出雲の国では「神在月」の名に。
五穀豊穣を祈る秋の祭りや時代祭、鞍馬の火祭など、お祭りが盛りだくさんの月です。

十月の京都 選り暦

安土桃山時代「織田公上洛列」に参列する織田信長。羽柴秀吉や柴田勝家など、戦国の名将たちが連なります。

華やかな「江戸時代婦人列」では、名妓・吉野太夫や江戸幕府第14代将軍・徳川家茂に降嫁した皇女和宮が登場します。

京の歴史に名を刻んだ人物たちが続々と登場し、歓声に沸く観衆をほっと和ませるのが安土桃山時代「豊公参朝列」の牛車。時おり鳴き声を響かせながらゆったりと歩を進めます。

京都御所／P.162ー平安神宮／P.174
☎平安神宮

秋の都大路に広がる歴史絵巻

時代祭《じだいまつり》

[10/22]

春の葵祭、夏の祇園祭に続いて、京都三大祭の最後を飾るのが秋の「時代祭」。明治28（1895）年、平安京遷都から1100年を記念した奉祝行事として時代風俗行列を登場させたのが始まりで、平安京遷都を行った桓武天皇が延暦13（794）年10月22日に入京したと伝えられることから、毎年10月22日に行われています。

鼓笛を響かせながら行進する維新勤王隊列を先頭に、江戸・安土桃山・室町・吉野・鎌倉・藤原・延暦の各時代の人物に扮した行列が京都御所から平安神宮までの道のりをゆったりと練り歩きます。厳正な時代考証を重ねて再現された衣装も見所で、坂本龍馬や豊臣秀吉など歴史上の有名人が登場すると沿道が歓声に包まれます。総勢2000名、総延長2kmにわたる時代行列は、まさに一大歴史風俗絵巻そのものです。

十月（かんなづき）

1

瑞饋祭【ずいきまつり】

[10/1～10/5] 北野天満宮／P.172

お芋と野菜で飾る秋の自然派神輿 ▶▶ P.130

2

〈長五郎餅〉

天正15（1587）年、北野天満宮で行われた「北野大茶湯」に出された茶菓子を気に入った豊臣秀吉は、その茶菓子を作った河内屋長五郎の名をとって「長五郎餅」という名を与えました。以来、北野天満宮の門前名物として広く知られるようになり、店の賑わう様子が「天満宮参詣双六図」に描かれているほどです。なめらかなこし餡を羽二重餅で包んだ味はあっさりと上品な味わいです。本店は大鳥居を出て南東へ進むとありますが、毎月25日、1月1日から3日、元旦から3月25日までの土曜日・日曜日には、北野天満宮の境内東門内に建つ茶店でも味わうことができます。

3

4

〈春夏冬□□五合〉

昔はよく「春夏冬□□五合」と書かれた貼り紙が商店などに貼られていました。「春夏冬」には「秋がない」ことから「あきない」と読み、「□□」はお酒などの液体を量る枡（ます）が二つで「ますます」と読み、最後の「五合」は一升（いっしょう）の半分であることから「はんじょう」と読みます。つまり、「春夏冬□□五合」は「商いますます繁盛」と読み、「商売繁盛」の願いが込められています。また、「商う」は「秋なう」が語源といわれ、古くは秋に米などの作物を収穫した後に、その売買などの取り引きが行われたことに由来します。

5

6

〈麦代餅〉
桂離宮のそばにある老舗「中村軒」で売られている名物菓子が「麦代餅（むぎてもち）」です。粒餡をやわらかい餅で包んだ素朴な味わいは、昔から麦刈りや田植え時の間食として食され、忙しい農家では日頃から大変重宝されていたようです。昔は農作業を行う各田畑まで、1回分の間食として麦代餅2個を直接届け、農作業のシーズンが終わった頃、代金の代わりに麦を渡していたことから「麦代餅」の名が生まれました。

7

8

今宮神社例大祭【いまみやじんじゃれいたいさい】

[10/8～10/9] 今宮神社／P.172

平安期、都に災厄が続き、疫病が蔓延した際、疫神を祀って悪疫退散を祈ったのが今宮神社の起こりとされています。京都三大奇祭のひとつ「やすらい祭」でも知られています。前夜祭では御神楽「人長舞」の奉納があり、例大祭では東遊びの奉納があります。

9

繁昌大国秋祭【はんじょうだいこくあきまつり】

下鴨神社／P.173

五穀豊穣と商売繁盛を感謝する大国様の秋祭りです。本殿前にある大国主命の神像は、菊と葵の飾りがついた五合枡に入っています。「五合＝半升」は「繁盛」に通じることから、商売繁盛を叶えてくれるとされています。また、大国様は7つの名前を持つことから本殿前で7つの社に分けられ、各干支の守り神を兼ねています。それぞれ生まれ年の人びとを守護するため、参拝者は自分の干支の守り神に玉串を供えます。

10

11

〈紫式部〉
初夏に淡紫色の花を咲かせ、秋に濃紫色の実をつけることから、平安時代の女流作家「紫式部」と重ね合わせられ、いつしか「ムラサキシキブ」と呼ばれるようになりました。

12

〈源氏名〉
平安時代、紫式部によって書かれた『源氏物語』は、物語文学の最高峰として世界に知られる長編物語です。物語に登場する数多くの人物の中、実名で登場する人物はわずかで、ほとんどの人物が通称や愛称で登場します。とくに女性が実名を隠す古いしきたりにならい、宮中の女官をはじめ、後世には大名や名家の奥女中までが通称や愛称を持ち、いつしか女性の通称や愛称のことを「源氏名」と呼ぶようになりました。また、女性が通称や愛称として『源氏物語』54帖の巻名を用いることが多かったことから「源氏名」と呼ばれるようになったともいわれています。

13

14

人形供養祭【にんぎょうくようさい】

宝鏡寺／P.174

宝鏡寺は江戸初期に後水尾天皇の皇女が入寺して以来、皇女が代々の住持を務めてきた格式ある尼門跡寺院で、幕末には幼少の和宮もしばしば訪れたそうです。寺院の表通りは昔から「百々の辻」と呼ばれ、ゆえに宝鏡寺は「百々御所（どどのごしょ）」と呼ばれてきました。歴代の天皇より賜った人形を多数所蔵していることから「人形の寺」とも称され、毎年10月14日には全国から集まった人形の供養祭が行われます。

15

16

日向大神宮例祭【ひむかいだいじんぐうれいさい】

［10/16～10/17］日向大神宮／P.174

日向大神宮の社殿は伊勢神宮の内宮・外宮と同じ神明造で建てられ、開運・厄除け・縁結びの神として知られています。16日の外宮大祭は、厳かな祭典や雅楽が奉納され、17日の内宮大祭では、宮中や伊勢神宮と同じく儀式中に御神楽「人長舞」が奉納されます。

17

18

〈葱とはんぺいの汁物〉
二十日ゑびすの日の食卓に並ぶ定番料理。吸物より濃い出汁で少し葛をひいたもので作られます。葱を福笹、はんぺいを小判に見立てるなど、縁起を担いだ具材を使います。

19

船岡祭【ふなおかまつり】

建勲神社／P.172

響きわたる火縄銃の音は迫力満点 ▶▶ P.131

二十日ゑびす（ゑびす講）大祭【はつかえびす（えびすこう）たいさい】

［10/19～10/20］恵美須神社／P.172

19日の宵ゑびす、20日のゑびす大祭と、2日間にわたってゑびす囃子が流れて賑わいます。20日には生間流の式庖丁が奉納されます。

20

保津の火祭【ほづのひまつり】

［10/20～10/21］請田神社／P.172

保津八幡宮社／P.175　☎亀岡市役所社会教育課

「保津の火祭」は、請田神社例大祭の宵宮で、五穀豊穣を感謝して行われ、本宮から保津八幡宮社境内の頓宮に請田大神様を迎えます。4基の剣鉾を中心に総勢170名ほどの行列となります。翌日は本宮への還幸祭が行われます。

〈誓文払い〉
四条寺町にある八坂神社の境外摂社・冠者殿社（かんじゃでんしゃ）。10月20日の祭礼日には、商売繁盛の御符が授与され、商店街による大福引も行われます。

十月（かんなづき）

21

22

時代祭【じだいまつり】

京都御所／P.162ー平安神宮／P.174

秋の都大路に広がる歴史絵巻 ▶▶ P.120

鞍馬の火祭【くらまのひまつり】

由岐神社／P.175

洛北の夜空を焦がす勇壮な火祭り ▶▶ P.132

23

亀岡祭【かめおかまつり】

[10/23～10/25] 鍬山神社／P.172　☎亀岡祭山鉾連合会

山鉾巡行もある亀岡最大の秋祭り ▶▶ P.132

24

25

抜穂祭【ぬきほさい】

伏見稲荷大社／P.174

種蒔き行事である4月の水口播種祭、6月の田植祭を経て、神田で育てられ実った稲を刈り取る祭りです。「稲穂舞」が舞われる中、三島初穂講の人びとに収穫された稲穂は、11月23日の新嘗祭の際、大神にお供えされ、稲藁は11月8日の火焚祭で焚き上げられます。

26

うなぎ放生会【うなぎほうじょうえ】

三嶋神社祈願所　☎三嶋神社

三嶋神社の祭神の神使いは古来より「ウナギ」であり、境内には珍しいウナギの絵馬が数多く掲げられています。年に1回、全国より日頃ウナギを扱う業者や料理人が東山区本町にある瀧尾神社内の祈願所に集まり、ウナギの鎮魂供養を行った後、祈願所の池にウナギを放つ放生会が行われます。また、東山区上馬町にある本宮では、毎年9月第3日曜日、約160名の奉仕者が集い、大神輿が巡幸する「御輿祭」が斎行されます。

27

〈花街 秋の舞〉

10月初旬、五花街のひとつ祇園甲部では「温習会（おんしゅうかい）」と呼ばれる舞踊公演が催され、京舞井上流の舞に磨きをかけた芸舞妓さんが艶やかな伎芸を舞台で披露します。春の華やかな「都をどり」と比べ、温習会はしっとりとした優美な京舞を楽しむことができ、目の肥えた観客が多く集まります。同じく10月、上七軒では「寿会」が催され、芸舞妓さんたちの味わい深い舞や唄を楽しむことができ、また先斗町の「水明会」や宮川町の「みずゑ会」など、円熟した伎芸が古都の秋を華やかに彩ります。

28

29

余香祭【よこうさい】

[10/29] 北野天満宮／P.172

詩才に優れていた菅原道真公。右大臣であった時、重陽の宴で詠んだ詩に醍醐天皇が感銘し、御衣を賜りました。しかし、道真公は左大臣藤原時平の讒言（ざんげん）によって九州の大宰府に左遷されてしまい、御衣の香りを想いながら都を追想したと伝えられています。これにちなんだ「余香祭」では、拝殿に白や黄の菊を供え、烏帽子・狩衣姿の歌人らが全国から寄せられた和歌を詠み上げて道真公を偲びます。

30

31

エトセトラ

御香宮神幸祭【ごこうのみやしんこうさい】

[10月上旬] 御香宮神社／P.172

風流傘の伝統を伝える洛南の大祭 ▶▶ P.130

平岡八満宮例祭【ひらおかはちまんぐうれいさい】

[体育の日の前日（予定）] 平岡八幡宮／P.174

梅ヶ畑一帯の産土神として信仰を集める平岡八幡宮の例祭で、午前9時より祭典が始まります。11時から子ども力士が青年と相撲を取り、必ず子どもが勝ち名乗りを受けるという珍しい三役相撲が行われ、子どもの健やかな成長を祈ります。また本殿前広場では、今では少なくなった重い剣鉾を巧みに差し上げる「剣鉾差し」が見られます。

八瀬赦免地踊り【やせしゃめんちおどり】

[体育の日の前日] 秋元神社／P.171
☎八瀬郷土文化保存会

女装少年が燈籠をかぶって
境内を廻る ▶▶ P.130

粟田祭【あわたまつり】

[体育の日の前日・体育の日・10/15] 粟田神社／P.171

祇園祭のルーツはここにあり ▶▶ P.131

宝永祭【ほうえいさい】

［体育の日］六孫王神社／P.175

宝永4（1707）年に建物が再興されたことから「宝永祭」と呼ばれています。例祭の祭典後、四方を守る4匹の鬼（青面の青龍鬼・白面の白虎鬼・赤面の朱雀鬼・黒面の玄武鬼）を先頭に、弓矢や太刀を持った行列が続き、神輿が氏子区域を勇壮に巡行します。

今様歌合せ【いまようううたあわせ】

［第2日曜日］法住寺／P.174

平安後期に流行した歌謡「今様」は、後白河法皇がとくに愛好しました。現在、後白河法皇ゆかりの法住寺では、今様歌合せが行われ、歌人はその日に出された詠題により即興で今様歌一首を作り、平安朝の衣装をつけた白拍子・楽人が即興で歌舞楽を演じます。

石座の火祭【いわくらのひまつり】

［10/23に近い土曜日］石座神社／P.172

岩倉に1000年以上伝わる、大蛇退治に由来する松明行事。深夜3時、大蛇に見立てた約12mの大松明が点火され、燃え尽きる5時頃に神輿が御旅所に向かって出発します。続いて14時に行列が戻って神事が行われた後、拝殿前で踊り子による岩倉踊が奉納されます。

二十五菩薩お練り供養法会

【にじゅうごぼさつおねりくようほうえ】

［第3日曜日］即成院／P.173

黄金の菩薩姿に極楽浄土を目の当たり ▶▶ P.131

斎宮行列【さいぐうぎょうれつ】

［第3日曜日］嵐山一帯　☎斎宮行事保存会

嵐山の地を巡行する
斎宮の伊勢参り ▶▶ P.132

10月上旬

風流傘の伝統を伝える洛南の大祭

御《ご》香《こう》宮《のみや》神《しん》幸《こう》祭《さい》

御香宮神社／P.172

御香宮神社が伏見全町の総氏神であることから「伏見祭」とも呼ばれる洛南の大祭。ハイライトは3基の神輿巡行で、雌雄の獅子を先頭に、天狗面の猿田彦命・稚児・武者行列・神輿の順に行列が続き、氏子地区を練り歩きます。また、前日には室町時代に始まる華やかな花傘行列が繰り広げられることから別名「花傘祭」とも呼ばれ、バラエティに富む大規模な祭りです。

1日~5日

お芋と野菜で飾る秋の自然派神輿

瑞《ずい》饋《き》祭《まつり》

北野天満宮／P.172

秋といえば、「実り」の秋。「瑞饋祭」は五穀豊穣を感謝する秋祭りの先陣をきる祭りです。祭りの名の由来ともなっている「瑞饋神輿」は、神輿の屋根を瑞饋（ずいき・芋の茎）で葺き、鬼瓦にかしら芋、柱を米・麦・豆・野菜・花・湯葉などで飾ったもの。10月1日の神幸祭では西ノ京御輿岡の御旅所へ神輿を渡御し、4日の還幸祭では氏子地区へと繰り出した後、本社へ戻ります。

体育の日の前日

女装少年が燈籠をかぶって境内を廻る

八《や》瀬《せ》赦《しゃ》免《めん》地《ち》踊《おど》り

秋元神社／P.171　☎八瀬郷土文化保存会

八瀬地区の人びとは後醍醐天皇の警護をしたことから土地の租税を永久に免除されました。江戸中期にその特権を失いかけた際、老中・秋元但馬守の裁断で救われました。その恩に感謝して八瀬天満宮内に秋元神社を建立し、踊りを奉納したのが赦免地踊りのはじまり。燈籠踊りともいわれ、透彫りの見事な切子型燈籠を頭に乗せた女装の少年と、美しく化粧をした少女の行列が秋元神社まで練り歩き、踊りなどを奉納します。

体育の日の前日・体育の日・15日

祇園祭のルーツはここにあり

粟《あわ》田《た》祭《まつり》

粟田神社／P.171

粟田神社は、貞観18（876）年、疫病を封じるために創建されたと伝えられる古社で、「粟田祭」は1000年以上の歴史を持つ由緒ある祭りです。体育の日の神幸祭では、厄除けの役割を持ち、祇園祭の山鉾の原形とされる長さ約7m～8mの「剣鉾」が巡行し、続いて神輿渡御が行われます。重さ40kg～60kgほどの剣鉾をしならせながら差して歩く妙技は見ごたえがあります。室町時代、応仁の乱で祇園祭が中断した際に、粟田祭をもって祇園祭の代わりとしたという歴史も伝えられています。

19日

響きわたる火縄銃の音は迫力満点

船《ふな》岡《おか》祭《まつり》

建勲神社／P.172

明治2（1869）年に織田信長を祀るために創建され、明治13（1880）年には信長の子・信忠も祭神として祀られました。「船岡祭」は、永禄11（1568）年10月19日、戦国の世を終わらすべく織田信長が初めて京に入洛した日を記念する大祭です。神殿祭の後、舞楽奉納として信長が好んで舞った「敦盛」が披露されます。信長ゆかりの宝物の展示や、甲冑武者による火縄銃三段打の奉納などが行われます。

第3日曜日

黄金の菩薩姿に極楽浄土を目の当たり

二《に》十《じゅう》五《ご》菩《ぼ》薩《さつ》お練《ね》り供《く》養《よう》法《ほう》会《え》

即成院／P.173

この法会は、本尊の阿弥陀如来が極楽浄土から現世に来迎し、人びとを浄土に導く姿を現しています。本堂を極楽浄土、地蔵堂を現世に見立て、その間に高さ2m、長さ50mの仮設橋を架けます。稚児が供物を捧げた後、僧侶の読経の中、金色の菩薩面を被り、金襴衣装を身につけた信徒25人が本堂を出発。修験衆の法螺にあわせて橋の上を地蔵堂まで歩き、ふたたび本堂に戻ると観世音・勢至・普賢の三菩薩による極楽の舞が行われます。

嵐山の地を巡行する斎宮の伊勢参り

第3日曜日　斎《さい》宮《ぐう》行《ぎょう》列《れつ》

嵐山一帯　☎斎宮行事保存会

斎宮とは天皇の代わりに伊勢神宮で祭祀を奉仕した未婚の内親王で、「斎宮行列」は平安京から伊勢神宮へと向かう斎宮の行列を再現したものです。行列は、伊勢に向かう前の斎宮が忌み籠りを行った野宮神社を出発して嵐山一帯を練り歩き、嵐山通船の北乗船場に到着後、禊の儀、雅楽奉納が催されます。また、斎宮行列前日には、前日祭として14時から嵯峨大念仏狂言や演奏会が行われます。

洛北の夜空を焦がす勇壮な火祭り

22日　鞍《くら》馬《ま》の火《ひ》祭《まつり》

由岐神社／P.175

平安時代、京都御所内に祀られた由岐神社を遷す際、鞍馬の人びとが松明を焚いて、神様の遷宮行列を迎えたのが祭りの始まりとされています。18時、里の各家の門口にかがり火が焚かれ、手に松明を持った子どもたちが練り歩き、その後、武者わらじを履いた里人が大松明をかついで「サイレイ、サイリョウ」の掛け声とともに仁王門前に集まり、火の粉の中を神輿が出発する勇壮な祭りです。

山鉾巡行もある亀岡最大の秋祭り

23日～25日　亀《かめ》岡《おか》祭《まつり》

鍬山神社／P.172・旧亀岡城下町　☎亀岡祭山鉾連合会

「亀岡祭」は鍬山神社の例祭で、「丹波の祇園祭」、「亀岡の秋祭り」などともいわれています。保津川の水害封じを祈願したのが起こりとされ、戦国時代の中断を経て、江戸時代に復興し、戦後に現在の形となりました。山鉾は全部で11基あり、「コンチキチンソーレ」と祭囃子が響く中、宵々山・宵宮では提灯の明かりが鉾を幻想的に照らします。最終日の山鉾巡行では旧亀山城跡の城下町を巡行し、豪快な「辻回し」も披露されます。

十一月

【霜月】

文字通り、霜が降りるほどの寒さが訪れる「霜月」。茶の湯の世界ではお正月にあたり、風炉から床下に設けた小さな炉（囲炉裏・いろり）へ「炉開き」を行います。また、1日の亥の日、家々では暖房を初めてつける「火入れ」の日でもあります。
ぐっと冷え込む気候に赤や黄の紅葉が彩りを増し、見頃を迎える11月です。

洛北屈指の紅葉名所、岩倉の実相院。「滝の間」の磨き上げられた漆塗りの床に映る紅葉は、「床もみじ」と呼ばれています。

実相院／P.173

禅の名刹・大徳寺塔頭の高桐院は、千利休の高弟であった細川三斎ゆかりの寺。苔むす庭が真っ赤に染まる方丈からの眺めを抹茶とともに味わえます。

高桐院／P.172

平清盛の寵愛を失った祇王が尼となって隠棲したという、恋物語が残る祇王寺。境内の苔庭にじゅんたんのように広がる散紅葉は、美しさへの感動とともに、世の無常をそこはかとなく感じさせます。

祇王寺／P.172

自然の賜物を心いっぱいに享受

紅《こう》葉《よう》

[10月下旬～12月上旬]

凛と澄んだ空気に包まれる冬、街じゅうが桜色に染まる春、祇園祭や納涼床に賑わう夏……。それぞれに美しく豊かな季節を経て、迎える錦秋の季節。赤々と燃える紅葉のグラデーションや銀杏の黄金の色彩には、心が洗われるような感動を覚えます。

北には高雄の神護寺をはじめとした「三尾」の雄大な自然と共演する紅葉、西には嵐山や嵯峨野の風光明媚な紅葉、東には清水寺の舞台や「絶景かな」の南禅寺三門からの景色など東山に広がる紅葉、南には絶景の通天橋で知られる東福寺など、有名社寺から隠れ名所までさながら紅葉づくしといった風情に。晩秋の散紅葉もまた、異なる趣を見せてくれます。祇王寺では、こぢんまりとした境内の苔庭一面にじゅうたんのように紅葉が積もり、夏の鹿ヶ谷かぼちゃ供養で知られる安楽寺では参道の石段を紅葉が覆いつくします。

1

亥子祭【いのこさい】

護王神社／P.172

亥の日にお餅を食べて
健康祈願 ▶▶ P.143

〈亥の子餅〉
「亥の子餅」は、いのししの子をかたどったもの。亥の日に餅をついて食べると、病気にかからないと伝えられています。また、子だくさんのいのししにあやかって子孫繁栄を願います。

2

〈亥の日の火入れ〉
火を鎮めるいのししにちなんで、亥の月の亥の日に火難除けを願って、暖房の火入れを行う習わしがあります。茶道の世界でも、夏の風炉から炉に変える「炉開き」が行われます。

3

曲水の宴【きょくすいのうたげ】

城南宮／P.173

平安装束をまとった歌人たちが、酒盃を小川に浮かべて和歌をしたため、盃をいただくという歌遊びを披露します。春と秋の年2回行われています。

狸谷山不動院秋まつり【たぬきだにさんふどういんあきまつり】

狸谷山不動院／P.173

狸谷山不動院の例祭。山伏や稚児のお練りの他、護摩供養を行います。10時より先着1000名に「力だんご」の接待があります。

曲水の宴

4

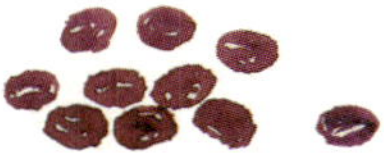

〈京都大納言小豆〉
煮ても豆の腹が割れにくいことから、切腹の習慣のない公家の身分「大納言」にちなみ、大納言小豆と名付けられたとも。光沢が美しく、糖分を多く含んだ上品な甘味が特徴です。

5

お十夜法要【おじゅうやほうよう】

[11/5～11/15] 真如堂／P.173

十日十夜の間、念仏を唱えて極楽往生を願います。11月5日に本堂にて念仏を唱え始め、最終日には法螺貝の音が響く中、山伏・稚児などが列になって練り歩きます。また、最終日の15日には「うなずきの弥陀（みだ）」と呼ばれる本尊・阿弥陀如来像が公開されます。

6

〈もみじの天ぷら〉
もみじの葉に砂糖と黒ゴマをまぶした衣をつけて油で揚げたもので、美しい紅葉で知られる高尾（高雄）の名物「もみじの天ぷら」。かりんとうのようにカリッとした食感と甘みがあります。

7

8

かにかくに祭【かにかくにさい】

祇園白川・かにかくに碑／P.163　☎（財）京都伝統伎芸振興財団

祇園を愛した歌人を偲ぶ芸舞妓さん ▶▶ P.143

火焚祭【ひたきさい】

伏見稲荷大社／P.174

火焚祭

五穀豊穣をはじめ万物を育む稲荷大神に神恩感謝する祭典で、全国より奉納された十数万本の火焚串を焚き上げ、万福招来・罪障消滅などを願います。

9

〈すずめの丸焼き〉
五穀豊穣の神として崇められる伏見稲荷大社の門前では、五穀（米など）を食い物にする「すずめ」を退治するという意味から、2羽ずつ串刺しされた丸焼きが売られています。

10

〈嵯峨菊〉
平安時代のある秋のこと、嵯峨天皇が大沢池の菊ケ島に自生していた美しい野菊（嵯峨菊）を手折られて嵯峨離宮（現在の大覚寺）の瓶に挿して愛でたと伝えられています。

11

〈西陣の日〉
応仁の乱が終わり、西陣に再び機織の音が戻った500年目の記念日として昭和44年に制定。西陣の歴史や伝統の再認識を目的として、今宮神社・織姫社にて式典が行われます。

12

13

うるし祭り【うるしまつり】

法輪寺／P.174

嵐山の法輪寺は、智恵を授ける虚空蔵菩薩が本尊。平安時代、文徳天皇の第一皇子である惟喬親王が法輪寺に100日間籠って祈願した際、虚空蔵菩薩から漆の技法を伝授されたことにより、漆の製法が確立したと伝えられています。これを記念して定めた「うるしの日」には、漆器業関係者が集い、感謝と漆器業の繁栄を祈願して焚火祭や狂言の奉納などが行われます。

14

15

法住寺大護摩供
【ほうじゅうじおおごまく】

法住寺／P.174

天狗と鬼が踊る
ユニークな大護摩供 ▶▶ P.144

〈七五三〉
男の子は3歳と5歳、女の子は3歳と7歳を迎えた際、子の成長に感謝し、幸せを願います。もとは関東圏の風習でしたが、今では全国の神社で七五三参りの姿が見られます。

16

17

〈御火焚祭〉

御火焚は、江戸時代の頃から京都を中心とする地方で行われてきた伝統の神事です。神様へ神楽などを奉納した後、奉納された護摩木を神聖な火で焚き上げ、火の霊力によって無意識のうちに犯した罪業を清めるというものです。また、秋の五穀豊穣に感謝するという意味が込められた神事でもあります。中国の五行説では「火生土（火は土を生ず）」、つまり火を焚くことで五穀を生み、疲弊した土を甦らせると考えられています。11月の「御火焚祭」は、貴船神社、伏見稲荷大社や新日吉神宮など市内のさまざまな神社で行われます。

18

〈御火焚饅頭〉

火焚祭のお供え物といえば、みかん、おこしの他、饅頭に宝珠の焼き印が押されている「御火焚饅頭」。これらを食べると、冬に風邪を引かず健康を保てると伝えられています。

19

20

〈水吹き銀杏〉

西本願寺の御影堂の前には、高さ15m、枝周り30m、樹齢300年ともいわれる銀杏の大木があります。江戸中期の天明の大火の際、西本願寺の御影堂に炎が燃え移りそうになると、この銀杏から勢いよく水が噴き出し、燃え移る火を消し止めて焼失を免れたと伝えられています。以来、この銀杏の木は「水吹き銀杏」と呼ばれ、人びとに親しまれています。

21

報恩講【ほうおんこう】

[11/21～11/28] 東本願寺／P.174

この日から宗祖・親鸞聖人の命日である28日にかけて、親鸞聖人の遺徳を偲んで「報恩講」が勤められます。期間中、全国から多くの参拝者が訪れ、最終日には、僧侶が上半身を激しく揺さぶりながら念仏を唱和する「坂東曲（ばんどうぶし）」が勤められるなど、一年の中で最も大切な仏事として宗門をあげて執り行われます。坂東曲は、越後へ流される親鸞聖人が波に揺れる船の中で念仏を称えたことに由来するとされています。

22

聖徳太子御火焚祭【しょうとくたいしおひたきさい】

広隆寺／P.172

有力豪族であった秦氏の長・秦河勝が聖徳太子から弥勒菩薩を拝領し、推古天皇11（603）年に一族の氏寺として広隆寺を建立しました。火災により多くの伽藍を消失しましたが、創建以来の貴重な仏像は火災を免れ、国宝第一号の弥勒菩薩像を中心に霊宝殿に祀られています。この日に「聖徳太子御火焚祭」が行われ、上宮王院太子殿での法要後、薬師堂前にて護摩法要が営まれます。また、本尊の聖徳太子像が公開されます。

23

筆供養【ふでくよう】

正覚庵／P.173

筆やペンに感謝をして、字も上達 ▶▶ P.144

珠数供養【じゅずくよう】

赤山禅院／P.173

壊れた愛用の数珠を燃やして供養 ▶▶ P.144

筆供養

24

献菓祭【けんかさい】

[11/24～11/26] 平安神宮／P.174

全国の銘菓を集めて神前に奉納し、菓子業界の繁栄と技術の向上を祈願して感謝の念を捧げる祭りで、今から35年ほど前に始まりました。「献菓祭」の他、多種多様な銘菓が3日間にわたって境内額殿に並ぶ「献菓展」もあり、一部販売も行われます。また、京都の伝統工芸菓子も展示され、京都の菓子職人の洗練された技と感性の結晶を間近に見ることができます。

25

御茶壺奉献祭【おちゃつぼほうけんさい】

北野天満宮／P.172

26 毎年12月1日に北野天満宮で催される「献茶祭」は、豊臣秀吉が天正15（1587）年に北野天満宮で催した「北野大茶湯」にちなむ行事。これに先立って行われる「御茶壺奉献祭」は、「献茶祭」で使用するお茶を神前に奉納します。宇治などの茶師が奉献した新茶を、由緒ある茶壺に納め、御茶壷行列が一の鳥居から本殿へと向かいます。その後、茶壺の口切式が行われます。

27

28

29

〈まねき上げ〉

11月30日頃から始まる「吉例顔見世興行」に先立ち、南座の正面で「まねき上げ」が始まります。縦1.8m、横32cmの看板に出演する歌舞伎役者の名を書いた「まねき」が掲げられ、看板の文字は縁起が良いとされる「勘亭流」という書体を用います。勘亭流の隙間のない太い文字は興行の満員大入りを願い、文字のハネを全て内向きにハネているのはお客さんが会場に入ることへの願いが込められています。まねき上げが終わると塩まき式が始まり、出演者たちが登場します。ちなみに舞妓さんが12月に付けるかんざしは、このまねきをあしらった意匠になります。

吉例顔見世興行【きちれいかおみせこうぎょう】

[11/30頃～12/26頃] 南座／P.171

30 この日を皮切りに京都の師走の風物詩「吉例顔見世興行」がスタートします。江戸時代、劇場と歌舞伎役者は旧暦11月から一年の契約を結び、年初めの舞台で新しい顔ぶれを披露したことから「顔見世」と呼ばれるようになりました。

秋の古本まつり【あきのふるほんまつり】

［11月上旬］百萬遍知恩寺／P.174　☎京都古書研究会（井上書店）

百萬遍知恩寺の境内では、毎年11月、文化の日の前後に「秋の古本まつり」が行われます。下鴨神社・糺の森で開かれる夏の納涼古本まつりに次ぐ、大規模な古本まつりとして知られています。一般の人たちだけでなく、全国の古本屋が、掘り出し物を求めて訪れます。朝には古本供養が営まれ、チャリティーオークションや落語などのイベントも行われます。

嵐山もみじ祭【あらしやまもみじまつり】

［第2日曜日］嵐山・渡月橋上流一帯　☎嵐山保勝会

「嵐山もみじ祭」は、紅葉に染まる嵐山を背に、大堰川に箏曲小督船・今様歌舞船・能舞台船などさまざまな趣向をこらした10隻ほどの船を浮かべ、平安時代の船遊び絵巻を雅やかに繰り広げます。岸辺の茶席では島原太夫の御点前が披露されます。

夕霧供養【ゆうぎりくよう】

［第2日曜日］清凉寺／P.173

名妓夕霧に思いを馳せる太夫道中 ▶▶ P.143

空也堂開山忌【くうやどうかいざんき】

［第2日曜日］空也堂／P.172

天慶2（939）年、空也上人が開いたと伝わり、「空也堂」の愛称で親しまれている紫雲山極楽院光勝寺。「市聖」と称される空也上人は、念仏を唱えて全国を行脚し、庶民に仏の教えを広めようと念仏踊りの普及に尽力しました。この遺徳を偲んで開山忌の法要が営まれます。献茶式の後、空也僧による歓喜踊念仏と重要無形民俗文化財の六斎念仏焼香式が奉納されます。

1日

亥の日にお餅を食べて健康祈願

亥《いの》子《こ》祭《さい》

護王神社／P.172

「いのしし神社」とも呼ばれる護王神社では、旧暦10月（亥の月）亥の日に行われていた平安朝の古儀・御玄猪（おげんちょ）を再現した「亥子祭」が営まれます。平安装束の宮司や奉仕女房たちがつくお餅を食べて、無病息災と子孫繁栄を祈願する行事で、17時より儀式を執り行います。祭典後、亥の子餅を京都御所に献上し、境内では参拝者に亥の子餅が振舞われます。

8日

祇園を愛した歌人を偲ぶ芸舞妓さん

かにかくに祭《さい》

祇園白川・かにかくに碑／P.163　☎（財）京都伝統伎芸振興財団

「かにかくに　祇園はこいし　寝るときも　枕の下を　水の流るる」と詠んだほど、祇園をこよなく愛した歌人・吉井勇。しばしば祇園白川のお茶屋・大友の奥座敷で白川のせせらぎを聞いて過ごしたとされます。かつて大友のあった場所には、友人の谷崎潤一郎らが建立した吉井勇の歌碑が立ち、毎年11月8日、祇園甲部の芸舞妓さんが「かにかくに〜」と書かれた碑に白菊を手向けて吉井勇を偲びます。

第2日曜日

名妓夕霧に思いを馳せる太夫道中

夕《ゆう》霧《ぎり》供《く》養《よう》

清凉寺／P.173

嵯峨で生まれたと伝えられる夕霧太夫は、島原の扇屋で太夫となり、後に大坂の新町へと移住しました。芸事に秀でた美しい名妓として知られていましたが、若くして病で亡くなり、大坂の街は夕霧の死を惜しんだと伝えられます。夕霧の墓は故郷・嵯峨の清凉寺にあり、毎年11月、本堂で法要が営まれ、招かれた島原太夫による舞の奉納後、禿（かむろ）を従えた太夫が本殿から三門までを道中します。

天狗と鬼が踊るユニークな大護摩供

15日 法住寺大護摩供《ほうじゅうじおおごまく》

法住寺／P.174

「身代わり不動」で知られる法住寺において、災厄を焼き払う祈願護摩修行が行われます。13時より不動堂の横で笛と琴の演奏が行われ、その後、隣の法住寺陵で法要が営まれます。山伏らの行列が法住寺に戻ると、天狗を先頭に赤・青・黒の3匹の鬼が松明・剣・まさかりを持って護摩の周りを踊り歩きます。護摩木が焚き上げられると、白煙が立ち昇る中、人びとは手を合わせて無病息災を願います。

筆やペンに感謝をして、字も上達

23日 筆供養《ふでくよう》

正覚庵／P.173

東福寺の塔頭・正覚庵には筆塚があり、「筆の寺」として知られています。毎年11月23日、「筆供養」が行われ、古くなった筆記具に感謝をして供養します。学業上達や文運興隆を祈祷しながら、筆を模した青竹とともに護摩火にくべます。稚児・山伏・筆神輿の行列が東福寺山内を練り歩いた後、14時より境内で筆供養が行われ、この煙を浴びると字が上達するといわれています。

壊れた愛用の数珠を燃やして供養

23日 珠数供養《じゅずくよう》

赤山禅院／P.173

天台座主・安慧（あんね）によって創建された赤山禅院は、比叡山の西麓にある延暦寺の塔頭寺院。京都の表鬼門にあたることから、王城鎮護や方除けの神として信仰を集めてきました。毎年11月23日、境内では「珠数供養」が行われ、使われなくなった古い数珠が比叡山延暦寺の大阿闍梨の導きにより、焚き上げられて供養されます。11月中、赤山禅院では「紅葉まつり」も開かれ、参道は露店で賑わいます。

十二月【師走】

年末になると、師（僧）が各家々を法事で駆けまわる（馳せる）ことから「師馳（は）せ月」という表現が転じたと伝えられる「師走」。
クリスマス、大掃除、お正月の準備……。京都の一年を締めくくる月は、師も走るほどの気ぜわしさで過ぎていきます。

「えーいひとつ」「そーれ」の掛け声のもと、僧侶16人が子綱を一斉に引き、親綱にぶらさがった僧侶が力いっぱい梵鐘を鳴らす知恩院の撞き方は、その音とともに圧巻。梵鐘は高さ3.3m、口径2.8m、重さ約70トンにもなります。

知恩院／P.174

大晦日、京の街に静かに響く鐘の音

除《じょ》夜《や》の鐘《かね》

[12/31]

一年の最後の夜の名は「除夜」。稲作を守る「年神（としがみ）」を各家庭へ迎えるため、昔から除夜には一晩中起きている習わしがあります。除夜に撞く鐘の音は、人びとの魔・悪・邪・罪・苦などを祓うといわれ、人間が持つ108の煩悩を除くために煩悩と同数の108回撞かれます。

日本三大梵鐘のひとつに数えられる知恩院では、僧侶16人が子綱を一斉に引き、親綱にぶら下がった僧侶が体重をのせて梵鐘を撞くというダイナミックなもので、年の瀬の風物詩となっています。また、同じく日本三大梵鐘のひとつであり「国家安康」の銘文の大梵鐘で知られる方広寺をはじめ、市内30ヵ寺では一般参詣者が交代で撞くことのできる寺院もあります。京の人びとは、除夜の静かな街に響き渡る重厚で厳かな鐘の音を聞いて、行く年を見送り、新たな一年を迎えます。

1

献茶祭【けんちゃさい】

北野天満宮／P.172

豊臣秀吉が天正15（1587）年に催した「北野大茶湯」ゆかりの祭りです。11月26日の「御茶壺奉献祭」で宇治などの茶どころの茶師によって奉献された碾茶（てんちゃ）をひき、抹茶に仕立てたものを用いて茶会が開かれます。この日、裏千家・表千家など4家元2宗匠が輪番（りんばん・まわり番）で奉仕する茶席が設けられ、境内にほのかな茶の香りがただよいます。また、名月舎・松向軒の茶室や上七軒の歌舞練場でも副席が設けられます。

2

仏名会【ぶつみょうえ】

[12/2～12/4] 知恩院／P.174

過去・現在・未来にいるとされる3000もの仏様の名前を讃みたたえる法要で、年の暮れのこの時期に、一年の間、無意識のうちに犯してきた罪を悔い改め、心身の浄化を願うという行事です。平安時代以降、宮中において恒例の儀式として続けられ、しだいに全国各地の寺院へと広まった行事です。浄土宗の総本山である知恩院では、境内の阿弥陀堂に僧侶が集い、仏名を一日千遍、3日間にわたって唱え続けます。

3

〈南天〉

「南天（なんてん）」は「難転」や「成天」に通じることから、京都では、厄除けや魔除けに効く縁起のよい植物として、家の鬼門に植えたり、正月の飾りに用いたりします。

4

5

〈歌舞伎〉

京都の師走の風物詩、南座の吉例顔見世興行に代表されるように、「歌舞伎」は京都にとってゆかりの深いものです。創始者は出雲阿国という名の安土桃山時代の女性。元は出雲大社の巫女とされ、北野天満宮や四条河原などで踊りを興行して人気を得て、さらに簡単な所作を加えて「阿国歌舞伎」に発展させました。これが一大ブームを巻き起こし、現在の歌舞伎の起こりとなりました。江戸初期の元和年間（1615年～1624年）には7つの常設芝居小屋における興行が公に許可され、多くの町衆が歌舞伎を楽しんでいましたが、現在では南座だけが残るのみとなっています。

6

〈大根〉
「大根焚き」は、師走の京の風物詩。ちなみに、「大根」はいくら食べても決して「当たらない」ことから、演技のヘタな役者を「大根役者」というようになったとか……。

7

大根焚き・成道会法要【だいこだき・じょうどうえほうよう】

[12/7～12/8] 千本釈迦堂（大報恩寺）／P.173

ほかほかの大根を食べて健康祈願 ▶▶ P.156

8

針供養【はりくよう】

法輪寺／P.174

昔、12月8日に農耕の仕事をすべて終えて祝ったことから、この日が一年の事納めとなり、さまざまな祭事が行われるようになりました。法輪寺では、一年間に一生懸命働いてくれた針に感謝し、針をこんにゃくに刺して休んでもらう「針供養」が営まれます。

9

鳴滝大根焚き【なるたきだいこだき】

[12/9～12/10] 了徳寺／P.175

約750年前、鳴滝の地に立ち寄った親鸞聖人を村人が塩味の大根でもてなしたのが始まりといわれ、毎年、親鸞聖人の徳を偲ぶ報恩講にあわせて行われる伝統行事です。12月9日・10日の両日に、境内で振舞われる大根を食べると中風にかからないと伝えられることから、お年寄りをはじめ、たくさんの参詣者で境内は賑わいます。午前9時より。

10

終い金比羅【しまいこんぴら】

安井金比羅宮／P.175

安井金比羅宮では、毎月1日と10日、神前に御神饌を供え、世界平和・国家安泰などを祈願する月次祭が行われており、12月10日は一年の締めくくりとなる月次祭です。この日から新年の初金比羅の1月10日までの期間、授与所にて稲穂に紅白の折鶴・松竹梅などを配した神札「稲宝来」の授与が行われます。また、10月中に事前予約をすると、新年の縁起物で商売繁盛を願う「宝の入船」の授与を受けることができます。

11

〈聖護院だいこん〉
約170年前、聖護院の農家が尾張の長大根から作り出したといわれ、形は丸く、煮崩れしにくい肉質と甘みが特徴。ふろふきや煮物など冬の食卓に欠かせない京野菜です。

12

〈十二月十二日のお札〉
12月12日は、天下の大泥棒・石川五右衛門の命日。この日、玄関に「十二月十二日」と書いたお札や短冊を上下逆さに貼ると、泥棒除けのおまじないになるといわれています。

13

空也踊躍念仏【くうやゆやくねんぶつ】

六波羅蜜寺／P.175

平安時代、空也上人が疫病退散と民衆救済を願って始め、躍りながら念仏を唱えて罪や穢れを祓います。

大福梅【おおふくうめ】

[12/13～] 北野天満宮／P.172

新年の祝膳に招福息災の願いを込めていただく「大福梅」。「事始め」にあたるこの日から授与が始まります。

〈事始め〉
12月13日は一年の煤払いをして正月を迎える準備を始める「事始め」の日。花街・祇園甲部では、芸舞妓さんが京舞井上流家元・井上八千代さん宅へ一年の感謝と挨拶に訪れます。

14

義士会法要【ぎしえほうよう】

法住寺／P.174

大石内蔵助ら赤穂義士ゆかりの社寺で行われる法要。この日が忠臣蔵のあだ討ちの日であることにちなみます。

義士まつり【ぎしまつり】

山科区一帯　☎山科義士まつり実行委員会

山科で決起する赤穂四十七士!! ▶▶ P.156

義士まつり

15

〈おことうさんどすー〉
12月13日の「事始め」を過ぎると、京都の挨拶は「おことうさんどすー」（正月の準備で忙しいですね、の意味）となり、正月を迎える準備で慌しい日々となります。

16

〈えびいも〉
里芋の一種でエビの姿に似ていることからその名がついた「えびいも」。棒だらとともに炊き合わせた料理は「いもぼう」と呼ばれ、京都のおばんざいとして知られています。

17

〈金時にんじん〉
「京にんじん」と呼ばれ、京都を代表する野菜のひとつ。京料理を彩る冬の食材として重宝されています。

18

〈くわい〉
クワの形をした葉にちなんで「くわい」の名が付いたと伝わる京野菜で、秋に収穫期を迎えます。「芽が出る」姿をしているため、おせち料理に欠かせない縁起物です。

19

20

お煤払い【おすすはらい】

東本願寺／P.174・西本願寺／P.174

大団扇でお堂を一斉に大掃除 ▶▶ P.156

〈果ての二十日〉
果ての月（12月）の「果ての二十日」と呼ばれる12月20日は、昔から「忌み日」とされ、正月準備や祝事が避けられてきました。また、江戸時代には処刑の年納め日でもありました。

21

終い弘法【しまいこうぼう】

東寺／P.174　☎東寺出店運営委員会

弘法大師・空海の月命日にあたる毎月21日、東寺で行われる縁日は「弘法さん」と呼ばれて親しまれています。「終い弘法」と呼ばれる12月の縁日は、一年の無事を感謝し、新しい一年の幸せを願って、とりわけ多くの人が参詣に訪れます。境内に並ぶ露店も多く、正月飾りが売られるなど年の瀬を物語る京都の風物詩となっています。

22

〈冬至とおかぼのたいたん〉

冬至の日に、風邪除けや厄除けのため「おかぼのたいたん」と呼ばれるかぼちゃの煮物を食べる習わしがあります。中国で黄色が魔除けの色とされたことにちなむと伝えられます。

23

かぼちゃ供養【かぼちゃくよう】

矢田寺／P.175

なでると風邪など病気にかからないとされる大きなかぼちゃが供えられる他、参拝をした人はかぼちゃの煮物の接待を受けられます。

綱掛祭【つなかけまつり】

新熊野神社／P.171

境内の大クスノキは新熊野神社のシンボルであり御神木で、お腹の神様ともいわれています。「綱掛祭」は御神木に新しい大注連縄をかける行事です。

綱掛祭

24

〈堀川ごぼう〉

京野菜のひとつ。ごみ捨て場と化した聚楽第の堀で農民がごぼうを作ったのが始まりと伝わります。普通のごぼうの倍以上もある太さで、中心が空洞になっているのが特徴です。

25

終い天神【しまいてんじん】

北野天満宮／P.172

年の瀬の縁日「終い天神」。境内に多くの露店が並び、注連飾りや鏡餅など正月用品を買い求める人びとで賑わいます。

終い天神

御身拭式【おみぬぐいしき】

知恩院／P.174

法然上人像を清めて年越し準備 ▶▶ P.157

26

〈新丹波黒大豆〉
京都名産の黒大豆で、旨みはもちろん、大粒でつやがあるのが特徴。縁起物として、おせち料理に欠かせない食材です。

27

除夜の鐘試しづき【じょやのかねためしづき】

知恩院／P.174

奈良の東大寺、京都の方広寺と並んで日本三大梵鐘のひとつに数えられる知恩院の梵鐘。除夜の鐘を鳴らす大晦日に先立って、この日の昼間、梵鐘の試しづきが行われます。関係者や観光客に見守られる中、本番さながらの迫力で梵鐘の音が響き渡ります。

28

鑽火式【さんかしき】

八坂神社／P.175

大晦日のをけら詣りに先立つ神事。午前4時、火鑽（き）り杵と臼で鑽り出した浄火を「をけら灯籠」に移します。

29

〈錦市場〉
「錦市場」は「京の台所」と呼ばれ、正月料理の食材を買い求める人びとで賑わいます。辺りは地下水が豊富で野菜などの食品の保存に適し、長く京都の食文化を支えてきました。

30

十二月（しわす）

31

除夜の鐘【じょやのかね】

除夜の鐘

市内各寺院

大晦日、京の街に静かに響く鐘の音 ▶▶ P.146

をけら詣り【をけらまいり】

八坂神社／P.175

吉兆縄で持ち帰るお正月の火種 ▶▶ P.157

エトセトラ

クリスマスイルミネーション

京都ノーザンチャーチ北山教会

［11月上旬～12月下旬］市内各所

光の装飾で
古都もクリスマス一色 ▶▶ P.155

三宝寺の大根焚き【さんぽうじのだいこんだき】

［第1土曜日・日曜日］三宝寺／P.173

三宝寺は鳴滝にある日蓮宗のお寺です。三宝寺が創建されたこの時期、法華宗（日蓮宗）の宗祖・日蓮上人の忌み日と重なることから、日蓮上人を偲んで法要が営まれます。境内では、中風除けを願って「大根焚き」が行われる他、日蓮上人が寒さをしのぐために食べたという古事にちなんで、ゆずご飯の接待もあります。境内には、ゆずのほのかな香りがただよい、大根の白い湯気が立ち昇ります。

京都・嵐山花灯路【きょうと・あらしやまはなとうろ】

［12月中旬］嵯峨・嵐山地域　☎京都・花灯路推進協議会事務局

幻想的な灯りが包む風光明媚な嵯峨・嵐山 ▶▶ P.155

南瓜大師供養【かぼちゃだいしくよう】

［冬至の日］不思議不動院／P.174

ニックネームは
「かぼちゃ大師」▶▶ P.157

11月上旬〜
12月下旬

光の装飾で古都もクリスマス一色

クリスマスイルミネーション 市内各所

クリスマスを盛り上げてくれる華やかなイルミネーション。クリスマスムードの高まる11月上旬頃から、京都市内各地で、建物や並木道のライトアップが行われます。大正時代の洋館を生かした烏丸御池のショッピングモール・新風館の中庭では、高さ約15mのホールを装飾する他、ツリーや光のオブジェが配されます。京都の玄関口・京都駅ビルの大階段に登場する約22mのクリスマスツリーは、京都の冬の風物詩になっています。教会などさまざまなウエディング施設が点在する北山界隈では、京都ノーザンチャーチ北山教会や北山ル・アンジェ教会のイルミネーションが知られており、キャンドルの幻想的な明かりがガーデンを浮かび上がらせます。また、地元の半導体メーカーであるローム本社による、自社製の白色LEDを用いたイルミネーションは、10年以上続く恒例イベントです。京都のメインストリート河原町通（御池〜姉小路）沿いの街路樹や、北山通（下鴨中通周辺）の銀杏並木にともされる電飾も、普段とは一味違った街並みを演出します。

新風館

京都駅ビル

12月中旬

幻想的な灯りが包む風光明媚な嵯峨・嵐山

京都《きょうと》・嵐山《あらしやま》花《はな》灯路《とうろ》 嵯峨・嵐山地域 ☎京都・花灯路推進協議会事務局

早春の風物詩として定着した東山花灯路に次いで、2005年に始まったのが「嵐山花灯路」です。一帯の散策路に2600基もの行灯が置かれ、いけばな作品とのコラボレーションで幻想的な夜の情景が演出されます。また、野宮神社から大河内山荘までの竹林の小径もライトアップされ、清々しい緑に覆われる昼とはまた違った雰囲気の散策を楽しめる他、渡月橋周辺一帯でもライトアップが行われます。

ほかほかの大根を食べて健康祈願

7日~8日 大根《だいこ》焚《だ》き・成道会法要《じょうどうえほうよう》 千本釈迦堂（大報恩寺）／P.173

師走の風物詩「大根焚き」。千本釈迦堂では、釈迦が悟りを開いた12月8日に法要が営まれるため、前日の7日から大根が振舞われます。鎌倉時代、同寺の慈禅上人が、大根の切り口に梵字（ぼんじ）を記し、厄除けを祈願したことに始まるとされ、現在も梵字を記し、加持祈祷をした聖護院大根がおあげとともに焚かれます。食べると風邪を引かないといわれ、無病息災を願う多くの参拝者で賑わいます。

山科で決起する赤穂四十七士!!

14日 義士《ぎし》まつり 山科区一帯 ☎山科義士まつり実行委員会

忠臣蔵で知られる赤穂義士。大石内蔵助らの義士が主君のあだ討ちのため江戸の吉良邸に討ち入りをしたのがこの日であることから、赤穂義士ゆかりの社寺が多い山科で祭事が営まれます。毘沙門堂から瑞光院、駅前の中央通り、岩屋寺を経て大石神社まで、討ち入り姿の義士47名が練り歩きます。また、300名にも及ぶ行列には婦人列や幼児義士の隊列もあり、見物に訪れた沿道の人びとを和ませます。

大団扇でお堂を一斉に大掃除

20日 お煤払《すすはら》い 東本願寺／P.174・西本願寺／P.174

年の瀬、寺院では「お煤払い」と呼ばれる大掃除が行われ、堂内にたまった一年間のほこりを掃います。大勢の門信徒がマスクをつけて堂内に集い、竹の棒を持って横一列に並び、一斉に畳を叩きます。堂内が真っ白になるほど舞い上がるほこりは、大きな団扇で外へ扇ぎ出されます。その後、堂内は美しく雑巾がけされ、清々しい気分で新年を迎えます。

冬至の日

ニックネームは「かぼちゃ大師」

南《かぼ》瓜《ちゃ》大《だい》師《し》供《く》養《よう》

不思議不動院／P.174

昔から京都では冬至の日に、かぼちゃを食べると風邪を引かず、厄除けの御利益もあるとされてきました。不思議不動院では、初代貫主である圓心師がお参りの際に聞いたお告げにちなみ、本尊の不動明王・弘法大師像を「かぼちゃ大師」と呼び、かぼちゃとゆかりの深い寺として知られています。冬至の日には、法要が営まれ、大鍋で煮たかぼちゃが参詣者に振舞われ、中風除けを祈願します。

25日

法然上人像を清めて年越し準備

御《お》身《み》拭《ぬぐい》式《しき》

知恩院／P.174

知恩院は、比叡山での修行を終えた法然上人が初めて念仏の道場を開いた地に建立された寺院で、浄土宗の総本山。年の瀬を控えたこの日、御影堂に祀る本尊・法然上人の木像を清める「御身拭式」が行われます。広い堂内に僧侶や檀信徒たちが集まり、「南無阿弥陀仏」と一斉に念仏を唱えた後、法然上人像をお祀りする厨子の扉が開かれます。知恩院門跡みずからが、香り染めの羽二重で、本尊にたまった一年間のほこりを拭い清める、霊験あらたかな歳末の行事です。

31日

吉兆縄で持ち帰るお正月の火種

をけら詣《まい》り

八坂神社／P.175

をけら詣りは、大晦日から元旦の未明にかけて八坂神社を参詣し、境内に設けられた「をけら灯籠」に燃える穢れのない「神火」を縄に移して家に持ち帰る習わしです。この神火を「をけら火」と呼び、参詣者は吉兆縄にをけら火を移し、これを火種として元旦のお雑煮を焚き、湯を沸かして大福茶を飲むなどし、新しく迎える一年の無病息災を願います。

都ぐらしへのいざない

星野 佑佳（ほしの ゆか）
京都市生まれ、在住のフォトエッセイスト。
00年、海外放浪の撮影旅へ出発。帰国後自然風景を求め、日本全国を旅しながら撮影。
05年から、京都の風景や祭りの撮影を中心に活動。
HP：京遊び　http://www5d.biglobe.ne.jp/~yuka0225/kyotoguide/index.htm

「365日、京都を駆け回るカメラマンのつぶやき」

京都の行事を撮り続けて、はや3年。京都の街を巡るのに一番便利な自転車で、京都市内を縦横無尽に駆け巡る毎日。盆地だけあって、ゆるーい坂道も多く、電動自転車がほしい今日この頃です。

京都は桜や紅葉も絶品ですが、ほぼ365日、どこかしらでお祭り・行事が行われているのも、千年の都ならではの底力。問答無用の大人気なお祭りがいくつもあり、時には3時間以上も前から「場所取り」が必要なことも。より撮影に適した位置を確保するため、ああでもない、こうでもないと何時間も作戦を練ったのに、いざ本番、泡食ってる一瞬のうちに終わっちゃうお祭りもあったりと、一筋縄ではいきません。もっとも、見るのを楽しむだけならこんな苦労は不要なので、ご安心を。

5月の連休、祇園祭とお盆、年末年始と節分は、とくに燃えます。同じ日に行事が重なり、あちこちでの撮影が何日も続くので、「私、命削ってるんとちゃう？」と思うほど忙しい、忙しい。

とくに、祇園祭の宵山～巡行は、夜中の1時過ぎまで日和神楽を撮影し、翌朝6時には巡行の場所取り。昼過ぎまで山鉾巡行を見た後は、睡眠不足と余韻が残る中、神幸祭に備えて八坂神社に向かいます。でも、がんばるだけの価値はあり！神幸祭のハイライト、八坂神社の石段下で3基のお神輿が高々と差し上げられ、まわされる様子は、365日中ベスト10に入る位、大好きな光景です。

また、有名なお祭りだけではなく、地元の方だけのお祭りも、「穴場感」があってワクワクしますね。和気あいあいとしたお祭りでは、直会でおさがりの食事を頂いちゃったり……。

食べるといえば、「この日はこれを食べればいい」という縁起担ぎのお接待がある行事も楽しみです。人日の七草粥、重陽の菊酒、師走の大根焚き、冬至の南瓜煮、年越し蕎麦などは、色んな所でよばれることができるので、味比べが出来るほど。他にも、中秋のへちまの味噌汁、亥の日の亥子餅、初庚申の厄除けコンニャクなど、ちょっと珍しいお接待は、その時、そこでしか頂けないので、喜びもひとしおです。

京都にいる人、来た人だけが体感できる生の京都。ぜひ、あなたも味わって下さい。きっと京都に住みたくなりますよ！

「京都に暮らし、京都を感じて、京都を知る」

日本には古くから、山には山の神様、川には川の神様など、すべての物に神様が宿るという「八百万の神（やおよろずのかみ）」の信仰があります。いつも神様の存在を身近に感じながらも、つねに敬いと畏れの気持ちを心に抱きながら暮らし、四季の移ろいの中でもたらされる神様からのさまざまな恵みや御利益に対して、つねに感謝の気持ちをあらわしてきました。

このような神仏への祈り・願い・敬い・畏れが、各地の社寺や各家庭で一年を通じて行われるさまざまな年中行事となり、今日まで脈々と受け継がれてきました。正月の初詣で一年の幸せを祈願し、節分で厄を祓い、雛祭りや端午の節句で子どもの健やかな成長を願い、お盆になると墓参りをして先祖を厚く供養し、秋には豊かな実りに感謝して賑やかなお祭りを盛大に催し、そして大晦日には除夜の鐘を撞いて一年を終えて、ふたたび新しい一年を迎えるわけです。

また、祇園祭の「鱧（はも）料理」や、冬至の「おかぼのたいたん」など、その季節の旬の食材を用いた料理と年中行事が結び付いた、「行事食」を食べる習わしがある行事も数多くみられ、それら行事食に願いを託して人びとは四季の料理を食してきました。

年中行事や行事食とは、神仏への敬いや感謝の気持ちが形となってあらわれたものであり、それらの行事や習わしが薄れつつあるということは、私たちの神仏への敬いや感謝の気持ちが薄れつつあるということかもしれません。

千年の都・京都が受け継いできた年中行事や行事食は、人びとが長い歴史の中で積み重ねてきたかけがえのない財産であり、その歴史や意味を十二分に理解したとき、京都や日本が受け継いできた精神文化の素晴らしさや深みにきっと出会えるはずです。

若村 亮（わかむら りょう）
大学在学中から京都を専門とする観光ガイドのプロとして観光事業に取り組み、現在は「株式会社らくたび」を創立して京都に特化した事業経営を行い、京都本の企画執筆や、旅行企画プロデュース、大学や各種文化講座の京都学講師、ラジオやテレビ番組のレギュラー出演など、多彩な京都の魅力を全国に発信している。

HP：京都の旅 らくたび　http://www.rakutabi.com
ブログ：京都の旅コラム　http://rakutabi.kyo2.jp

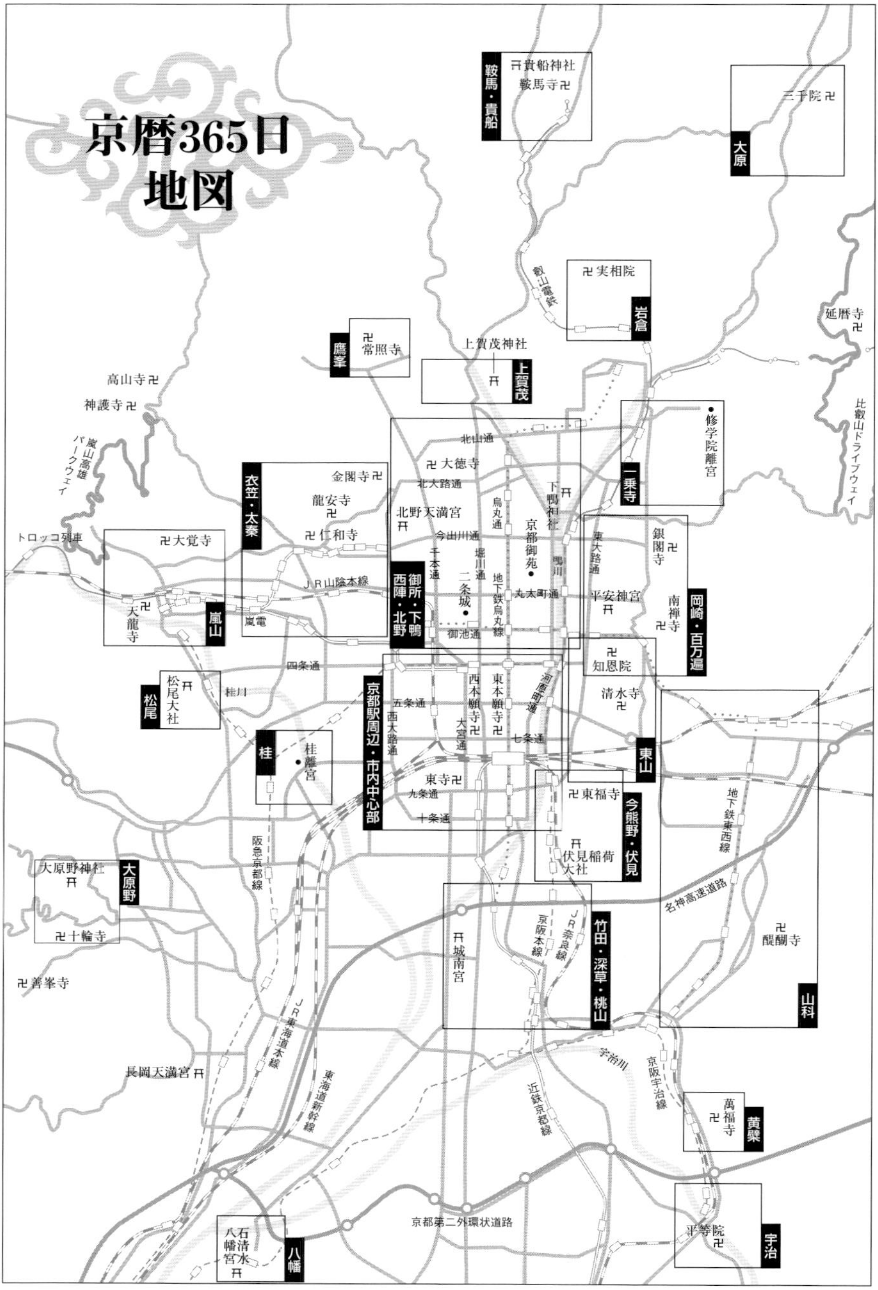
京暦365日
地図
鞍馬・貴船
貴船神社
鞍馬寺
大原
三千院
岩倉
実相院
延暦寺
叡山電鉄
比叡山ドライブウェイ
鷹峯
常照寺
上賀茂
上賀茂神社
高山寺
神護寺
嵐山高雄パークウェイ
一乗寺
修学院離宮
北山通
大徳寺
北大路通
衣笠・太秦
金閣寺
龍安寺
仁和寺
北野天満宮
今出川通
烏丸通
京都御苑
下鴨神社
千本通
堀川通
地下鉄烏丸線
鴨川
二条城
丸太町通
御池通
御所・下鴨
西陣・北野
トロッコ列車
大覚寺
JR山陰本線
嵐山
天龍寺
嵐電
東大路通
銀閣寺
平安神宮
南禅寺
岡崎・百万遍
知恩院
四条通
松尾
松尾大社
桂川
京都駅周辺・市内中心部
五条通
西大路通
西本願寺
東本願寺
大宮通
河原町通
七条通
清水寺
東山
桂
桂離宮
東寺
九条通
十条通
今熊野・伏見
東福寺
伏見稲荷大社
地下鉄東西線
阪急京都線
大原野
大原野神社
十輪寺
善峯寺
名神高速道路
醍醐寺
城南宮
京阪本線
JR奈良線
竹田・深草・桃山
山科
JR東海道本線
東海道新幹線
長岡天満宮
宇治川
京阪宇治線
近鉄京都線
黄檗
萬福寺
京都第二外環状道路
宇治
平等院
八幡
石清水八幡宮

京都駅周辺・市内中心部

西院春日神社
空也堂
四条通
大宮
烏丸
河原町
西院
嵐電
四条大宮
四条
阪急京都線
壬生寺
仏光寺通
河原町通
西大路通
大宮通
堀川通
油小路通
烏丸通
高辻通
壬生川通
因幡堂・平等寺
五条通
丹波口
五条
市比賣神社
五条
六条通
間之町通
JR山陰本線（嵯峨野線）
京阪本線
西本願寺
東本願寺
渉成園
七条通
七条
笹屋伊織
梅小路公園
JR東海道本線
京都
JR東海道本線
六孫王神社
八条通
西大路
JR東海道新幹線
東福寺
東寺
東寺
九条
九条通
近鉄京都線
地下鉄烏丸線
鴨川
JR奈良線
西高瀬川
吉祥院天満宮
十条
十条

御所・下鴨・西陣・北野

北山
ル・アンジェ教会
松ヶ崎
北山通
京都府立植物園
北泉通
京都ノーザンチャーチ北山教会
今宮神社
今宮神社前
今宮通
下鴨本通
北大路
高桐院
今宮門前通
大徳寺
北大路通
大徳寺一久
船岡山
大徳寺前
加茂みたらし茶屋
船岡山
紫明通
下鴨神社前
建勲神社
上善寺
高野川
鞍馬口
下鴨神社
千本閻魔堂
(引接寺)
鞍馬口通
賀茂川
平野神社
北野天満宮
上七軒歌舞練場
妙蓮寺
西林寺
御霊神社
寺町通
糺の森
叡山電鉄
叡山本線
上御霊前通
千本寺之内
寺之内通
宝鏡寺
水田玉雲堂
相国寺
千本釈迦堂
(大報恩寺)
白峯神宮
今出川
出町柳
今出川通
北野天満宮前
晴明神社
堀川今出川
河原町通
鴨川
川端通
地蔵院
一条通
長五郎餅本舗本店
京都御所
中立売通
梨木神社
廬山寺
西大路通
千本通
下長者町通
堀川通
護王神社
荒神口
京都御苑
新町通
丸太町
丸太町通
丸太町
京阪鴨東線
JR山陰本線(嵯峨野線)
下御霊神社
二条城
烏丸御池
二条通
行願寺
(革堂)
地下鉄東西線
(2008年1月開業予定)
京都市役所
高瀬川一之舟入り
西大路御池
御池通
二条
二条城前
本能寺
京都市役所前
三条京阪
姉小路通
三条通
新風館
矢田寺
三条
六角通
藤井絞(株)
烏丸通

東山

三条通
三条
三条京阪
地下鉄東西線
東山
三条広道
粟田神社
先斗町歌舞練場
鴨川
花見小路通
青蓮院
寺町通
河原町通
木屋町通
先斗町通
白川
華頂通
巽橋
新橋通
かにかくに碑
知恩院
阪急京都本線
四条
円山公園
四条通
祇園
八坂神社
河原町
冠者殿社
南座
中村楼
東大谷
（大谷祖廟）
祇園甲部
歌舞練場
ねねの道
建仁寺
高台寺
安井金比羅宮
東山安井
恵美須神社
宮川町歌舞練場
松原通
法観寺
（八坂塔）
みなとや幽霊子育飴本舗
清水道
六道珍皇寺
三年坂
六波羅蜜寺
清水坂
五条
五条通
五条坂
清水寺
川端通
五条坂
大和大路通
京阪本線
方広寺
馬町
渋谷通
三嶋神社
正面通
豊国神社
東大路通
わらじや
七条
七条通
東山七条
智積院
新日吉神宮
妙法院・三十三間堂
法住寺
JR東海道本線
今熊野
JR東海道新幹線
新熊野神社

岡崎・百万遍

百萬遍知恩寺
百万遍
今出川通
京都大学
吉田本町通
吉田山
銀閣寺前
銀閣寺
神楽岡通
東一条通
吉田神社
京大正門前
哲学の道
法然院
真如堂
安楽寺
霊鑑寺
東大路通
聖護院
真如堂前
春日北通
金戒光明寺
須賀神社
鹿ケ谷通
白川通
熊野神社前
丸太町通
平安神宮
岡崎通
冷泉通
京都会館
永観堂
二条通
本妙寺
神宮通
琵琶湖疏水
仁王門通
南禅寺
阿含宗総本部
三条通
東山
地下鉄東西線
蹴上
粟田神社
日向大神宮
青蓮院
知恩院

A. 一乗寺

B. 鞍馬・貴船

C. 上賀茂

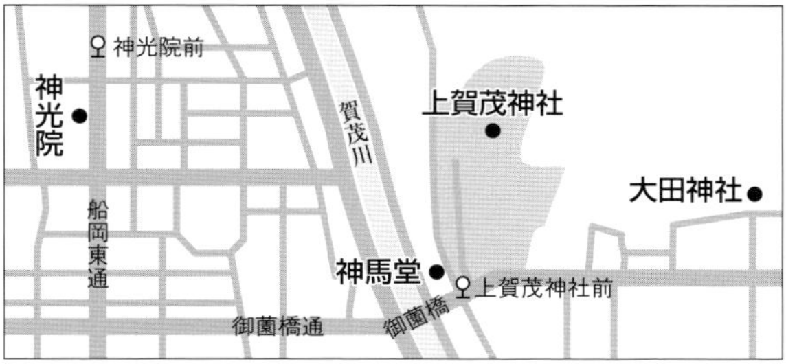

D. 鷹　峯

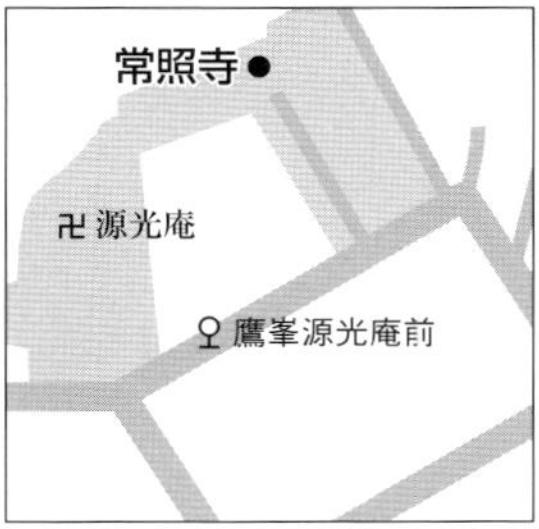

E. 岩　倉

F. 大　原

A. 嵐　山

至愛宕神社
鳥居本
化野念仏寺
大覚寺
大沢池
大覚寺
広沢池
祇王寺
清凉寺
嵯峨釈迦堂前
清滝道
新丸太町通
嵯峨嵐山
JR山陰本線（嵯峨野線）
野々宮
トロッコ嵯峨
嵯峨野観光鉄道
トロッコ嵐山
野宮神社
車折神社
鹿王院
嵐電
嵐電嵯峨
卍
天龍寺
嵐山
車折神社
三条通
大堰川
渡月橋
桂川
法輪寺
阪急嵐山線

B. 松　尾

松尾大社前
松尾
桂川
梅ノ宮神社前
梅宮大社
松尾大社
阪急嵐山線
西芳寺（苔寺）
苔寺
卍

C. 桂

桂川
桂離宮
阪急京都線
阪急嵐山線
桂離宮前
中村軒
地蔵寺
桂

D. 大原野

金蔵寺
大原野神社
南春日町
733
長峰
140
十輪寺
小塩
208

衣笠・太秦

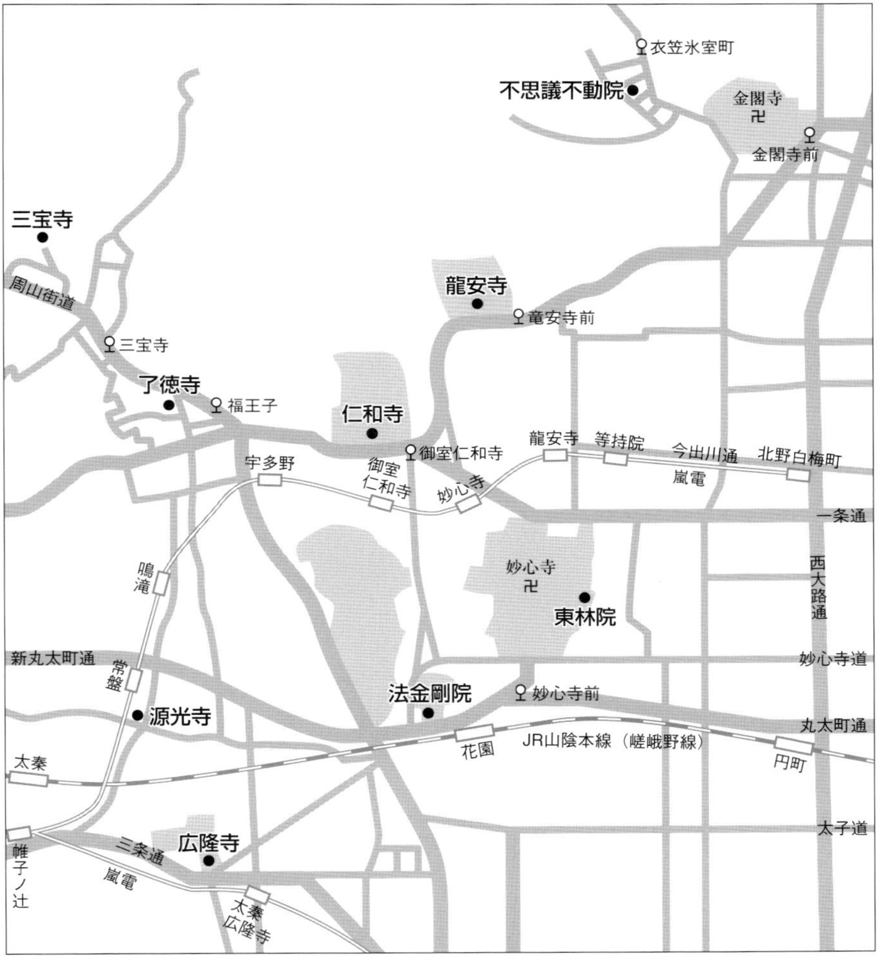

衣笠氷室町
不思議不動院
金閣寺
金閣寺前
三宝寺
周山街道
龍安寺
竜安寺前
三宝寺
了徳寺
福王子
仁和寺
御室仁和寺
龍安寺
等持院
今出川通
北野白梅町
宇多野
御室
仁和寺
妙心寺
嵐電
一条通
鳴滝
妙心寺
東林院
西大路通
新丸太町通
常盤
妙心寺道
法金剛院
妙心寺前
源光寺
丸太町通
JR山陰本線（嵯峨野線）
花園
円町
太秦
太子道
帷子ノ辻
三条通
広隆寺
嵐電
太秦広隆寺

A. 今熊野・伏見

B. 竹田・深草・桃山

C. 八　幡

D. 宇　治

E. 黄　檗

山　科

東山ドライブウェイ
阿含宗総本殿
御陵
瑞光院
JR東海道本線（琵琶湖線）
山科
京阪京津線
追分
京阪山科
山科
徳林庵
四宮
東野
1
JR東海道新幹線
椥辻
大石神社
大石神社
岩屋寺
名神高速道路
勧修寺
勧修寺
小野
小野
随心院
地下鉄東西線
醍醐
醍醐三宝院前
醍醐寺
醍醐山
石田
外環状線
JR奈良線
大善寺
六地蔵
日野薬師
法界寺

京暦365日
各種データ

各種問い合わせ先

葵祭行列保存会
●075-254-7650

嵐山通船
●075-861-1627

嵐山保勝会
●075-861-0012

宇治市観光協会
●0774-23-3334

大原観光保勝会
●075-744-2148

亀岡祭山鉾連合会
●0771-22-1755

亀岡市役所社会教育課
●0771-25-5054

祇園祭船鉾保存会
●075-351-1029

祇園放生会実行委員会
●075-701-5181

北区役所　雲ヶ畑出張所
●075-406-2001

京都駅ビルインフォメーション
●075-361-4401（10:00～19:00）

京都古書研究会（井上書店）
●075-781-3352

京都市文化市民局文化財保護課
●075-761-7799

京都市緑地管理課
●075-222-3586

京都染織青年団体協議会
●075-211-0605

京都・花灯路推進協議会事務局
●075-212-8173

久多花笠踊保存会
●075-748-2033

斎宮行事保存会
●075-871-1972

(財)京都伝統伎芸振興財団
●075-561-3901

(財)長刀鉾保存会
●075-213-5757（毎週火曜日のみ受付）

嵯峨仏徒連盟
●080-5307-1060

左京区役所　花背出張所
●075-746-0215

ＪＲ亀岡駅前観光案内所
●0771-22-0691

修学院紅葉音頭保存会
●075-701-5354

大文字五山保存会連合会事務局
●075-761-7799

手づくり市事務局
●075-771-1631

陶器祭運営協議会事務局
●075-541-1192

東寺出店運営委員会
●0774-31-5550

銅駝高瀬川保勝会（金茶寮内）
●075-231-3722

西山ドライブウエイ(株)高雄事務所
●075-871-1221

深草稲荷保勝会（稲荷名産館内）
●075-641-0221

保津川遊船企業組合
●0771-22-5846

八瀬郷土文化保存会
●075-724-0255

山科義士まつり実行委員会
●075-581-3964

ローム本社
●075-311-2121

各種施設データ

阿含宗総本部《あごんしゅうそうほんぶ》／P.164
●075-761-1141　●東山区三条通神宮道上ル

北山ル・アンジェ教会《きたやまるあんじぇきょうかい》／P.162
●075-706-7822　●左京区松ヶ崎井出ケ海道町 1-7

京都会館《きょうとかいかん》 ／P.164
●075-771-6053　●左京区岡崎最勝寺町13

京都ノーザンチャーチ北山教会《きょうとのーざんちゃーちきたやまきょうかい》 ／P.162
●075-707-6266　●左京区松ヶ崎六ノ坪町5

京都府立植物園《きょうとふりつしょくぶつえん》 ／P.162
●075-701-0141　●左京区下鴨半木町

寺田屋《てらだや》 ／P.168-B
●075-622-0243　●伏見区南浜町263

藤井絞(株)《ふじいしぼりかぶしきがいしゃ》 ／P.162
●075-221-5504　●中京区新町通六角下ル

南座《みなみざ》 ／P.163
●075-561-1155　●東山区四条大橋東詰

各種店舗データ

加茂みたらし茶屋《かもみたらしちゃや》 ／P.162
●075-781-1460　●左京区下鴨松ノ木町53

笹屋伊織《ささやいおり》 ／P.161
●075-371-3334　●下京区七条通大宮西入ル

神馬堂《じんばどう》 ／P.165-C
●075-781-1377　●北区上賀茂御薗口町4

新風館《しんぷうかん》 ／P.162
●075-213-6688
●中京区烏丸通姉小路下ル場之町586-2

大徳寺一久《だいとくじいっきゅう》 ／P.162
●075-493-0019　●北区紫野大徳寺下門前町20

長五郎餅本舗本店《ちょうごろうもちほんぽほんてん》 ／P.162
●075-461-1074　●上京区一条七本松西

中村軒《なかむらけん》 ／P.166-C
●075-381-2650　●西京区桂浅原町61

中村楼《なかむらろう》 ／P.163
●075-561-0016　●東山区八坂神社鳥居内

水田玉雲堂《みずたぎょくうんどう》 ／P.162
●075-441-2605　●上京区上御霊前町394

みなとや幽霊子育飴本舗《みなとやゆうれいこそだてあめほんぽ》 ／P.163
●075-561-0321
●東山区松原通大和大路東入ル2丁目轆轤町80-1

わらじや《わらじや》 ／P.163
●075-561-1290　●東山区七条通本町東入ル

各種社寺データ

あ

県神社《あがたじんじゃ》 ／P.168-D
●0774-21-3014　●宇治市宇治蓮華72

秋元神社《あきもとじんじゃ》 ／地図掲載なし
●電話番号掲載なし
●左京区八瀬秋元町639八瀬天満宮社内

愛宕神社《あたごじんじゃ》 ／地図掲載なし
●075-861-0658　●右京区嵯峨愛宕町1

化野念仏寺《あだしのねんぶつじ》 ／P.166-A
●075-861-2221　●右京区嵯峨鳥居本化野町17

粟田神社《あわたじんじゃ》 ／P.163、P.164
●075-551-3154　●東山区粟田口鍛冶町1

安楽寺《あんらくじ》 ／P.164
●075-771-5360　●左京区鹿ケ谷御所ノ段町21

出雲大神宮《いずもだいじんぐう》 ／地図掲載なし
●0771-24-7799　●亀岡市千歳町千歳出雲無番地

市比賣神社《いちひめじんじゃ》 ／P.161
●075-361-2775　●下京区河原町五条下ル一筋目西入ル

因幡堂・平等寺《いなばどう・びょうどうじ》 ／P.161
●075-351-7724
●下京区烏丸松原上ル東入ル因幡堂町728

今熊野観音寺《いまくまのかんのんじ》 ／P.168-A
●075-561-5511　●東山区泉涌寺山内町32

新熊野神社《いまくまのじんじゃ》 ／P.163
●075-561-4892　●東山区今熊野梛ノ森町42

新日吉神宮《いまひえじんぐう／しんひよしじんぐう》 ／P.163
●075-561-3769
●東山区妙法院前側町451-1

今宮神社《いまみやじんじゃ》 ／P.162
●075-491-0082　●北区紫野今宮町21

石座神社《いわくらじんじゃ》 ／P.165-E
●075-721-4300　●左京区岩倉上蔵町302

石清水八幡宮《いわしみずはちまんぐう》 ／P.168-C
●075-981-3001　●八幡市八幡高坊30

岩屋寺《いわやじ》 ／P.169
●075-581-4052　●山科区西野山桜ノ馬場町96

請田神社《うけたじんじゃ》 ／地図掲載なし
●電話番号掲載なし　●亀岡市保津町立岩4

梅宮大社《うめのみやたいしゃ》 ／P.166-B
●075-861-2730　●右京区梅津フケノ川町30

恵美須神社《えびすじんじゃ》 ／P.163
●075-525-0005
●東山区大和大路通四条下ル小松町125

大石神社《おおいしじんじゃ》 ／P.169
●075-581-5645
●山科区西野山桜ノ馬場町116

大原野神社《おおはらのじんじゃ》 ／P.166-D
●075-331-0014　●西京区大原野南春日町1152

大田神社《おおたじんじゃ》 ／P.165-C
●075-781-0011（上賀茂神社）　●北区上賀茂本山340

か

勧修寺《かじゅうじ》 ／P.169
●075-571-0048　●山科区勧修寺仁王堂町27-6

上賀茂神社《かみがもじんじゃ》 ／P.165-C
●075-781-0011　●北区上賀茂本山339

祇王寺《ぎおうじ》 ／P.166-A
●075-861-3574　●右京区嵯峨鳥居本小坂町32

北野天満宮《きたのてんまんぐう》 ／P.162
●075-461-0005　●上京区馬喰町

吉祥院天満宮《きっしょういんてんまんぐう》 ／P.161
●075-691-5303　●南区吉祥院政所町3

貴船神社《きふねじんじゃ》 ／P.165-B
●075-741-2016　●左京区鞍馬貴船町180

行願寺（革堂）《ぎょうがんじ（こうどう）》 ／P.162
●075-211-2770
●中京区寺町通竹屋町上ル行願寺門前町17

清水寺《きよみずでら》 ／P.163
●075-551-1234　●東山区清水1-294

空也堂《くうやどう》 ／P.161
●075-255-1585
●中京区蛸薬師通堀川東入ル亀屋町

鞍馬寺《くらまでら》 ／P.165-B
●075-741-2003　●左京区鞍馬本町1074

車折神社《くるまざきじんじゃ》 ／P.166-A
●075-861-0039
●右京区嵯峨朝日町23

鍬山神社《くわやまじんじゃ》 ／地図掲載なし
●0771-22-1023
●亀岡市上矢田町上垣内22-2

建勲神社《けんくんじんじゃ／たけいさおじんじゃ》 ／P.162
●075-451-0170　●北区紫野北船岡町49

源光寺《げんこうじ》 ／P.167
●電話番号掲載なし　●右京区常盤馬塚町1

建仁寺《けんにんじ》 ／P.163
●075-561-0190
●東山区大和大路四条下ル小松町584

高桐院《こうとういん》 ／P.162
●075-492-0068
●北区紫野大徳寺町73-1

広隆寺《こうりゅうじ》 ／P.167
●075-861-1461
●右京区太秦蜂岡町32

護王神社《ごおうじんじゃ》 ／P.162
●075-441-5458
●上京区烏丸通下長者町下ル桜鶴円町

御香宮神社《ごこうのみやじんじゃ》 ／P.168-B
●075-611-0559　●伏見区御香宮門前町

御霊神社《ごりょうじんじゃ》 ／P.162
●075-441-2260
●上京区上御霊前通烏丸東入ル上御霊竪町495

金蔵寺《こんぞうじ》 ／P.166-D
●075-331-0023
●西京区大原野石作町1639

さ

西院春日神社《さいいんかすがじんじゃ》 ／P.161
●075-312-0474　●右京区西院春日町61

西林寺《さいりんじ》 ／P.162
●075-431-1529　●上京区玄蕃町46

三千院《さんぜんいん》 ／P.165-F
●075-744-2531　●左京区大原来迎院町540

三宝寺《さんぽうじ》 ／P.167
●075-462-6540　●右京区鳴滝松本町32

志古淵神社《しこぶちじんじゃ》 ／地図掲載なし
●電話番号掲載なし　●左京区久多中ノ町362

地蔵院《じぞういん》 ／P.162
●075-461-1263　●北区一条通西大路東入ル

地蔵寺《じぞうじ》 ／P.166-C
●075-381-3538　●西京区桂春日町9

実相院《じっそういん》 ／P.165-E
●075-781-5464　●左京区岩倉上蔵町121

下鴨神社《しもがもじんじゃ》 ／P.162
●075-781-0010　●左京区下鴨泉川町59

十輪寺《じゅうりんじ》 ／P.166-D
●075-331-0154　●西京区大原野小塩町481

正覚庵《しょうがくあん》 ／P.168-A
●075-561-8095　●東山区本町15-808

常照寺《じょうしょうじ》 ／P.165-D
●075-492-6775　●北区鷹峯北鷹峯町1

渉成園《しょうせいえん》 ／P.161
●075-371-9210（東本願寺本廟部参拝接待所）
●下京区下珠数屋町通間之町東入ル東玉水町

上善寺《じょうぜんじ》 ／P.162
●075-231-1619
●北区鞍馬口通寺町東入ル上善寺門前町338

浄禅寺《じょうぜんじ》 ／P.168-B
●075-691-3831　●南区上鳥羽岩ノ本町93

城南宮《じょうなんぐう》 ／P.168-B
●075-623-0846　●伏見区中島鳥羽離宮町7

白峯神宮《しらみねじんぐう》 ／P.162
●075-441-3810　●上京区今出川通堀川東入ル

神光院《じんこういん》 ／P.165-C
●075-491-4375　●北区西賀茂神光院町120

真如堂《しんにょどう》 ／P.164
●075-771-0915　●左京区浄土寺真如町82

瑞光院《ずいこういん》 ／P.169
●075-581-3803　●山科区安朱堂ノ後町19-2

随心院《ずいしんいん》 ／P.169
●075-571-0025　●山科区小野御霊町35

須賀神社《すがじんじゃ》 ／P.164
●075-771-1178　●左京区聖護院円頓美町1

晴明神社《せいめいじんじゃ》 ／P.162
●075-441-6460　●上京区堀川通一条上ル806

清凉寺《せいりょうじ》 ／P.166-A
●075-861-0343
●右京区嵯峨釈迦堂藤ノ木町46

赤山禅院《せきざんぜんいん》 ／P.165-A
●075-701-5181　●左京区修学院開根坊町18

千本閻魔堂（引接寺）《せんぼんえんまどう（いんじょうじ）》 ／P.162
●075-462-3332
●上京区千本鞍馬口下ル閻魔前町34

千本釈迦堂（大報恩寺）《せんぼんしゃかどう（だいほうおんじ）》 ／P.162
●075-461-5973　●上京区今出川七本松上ル

即成院《そくじょういん》 ／P.168-A
●075-561-3443　●東山区泉涌寺山内町28

た

大覚寺《だいかくじ》 ／P.166-A
●075-871-0071　●右京区嵯峨大沢町4

醍醐寺《だいごじ》 ／P.169
●075-571-0002　●伏見区醍醐東大路町22

大善寺《だいぜんじ》 ／P.169
●075-611-4966　●伏見区桃山西町六地蔵

狸谷山不動院《たぬきだにさんふどういん》 ／P.165-A
●075-722-0025　●左京区一乗寺松原町6

知恩院 ／P.163、P.164
ちおんいん
●075-531-2111　●東山区林下町400

智積院 ／P.163
ちしゃくいん
●075-541-5361
●東山区東大路七条下ル東瓦町964

東寺 ／P.161
とうじ
●075-691-3325　●南区九条町1

東福寺 ／P.168-A
とうふくじ
●075-561-0087　●東山区本町15-778

東林院 ／P.167
とうりんいん
●075-463-1334　●右京区花園妙心寺町59

徳林庵 ／P.169
とくりんあん
●075-583-0353　●山科区四ノ宮泉水町16

豊国神社 ／P.163
とよくにじんじゃ／ほうこくじんじゃ
●075-561-3802
●東山区大和大路通正面茶屋町530

な

梨木神社 ／P.162
なしのきじんじゃ
●075-211-0885
●上京区寺町通広小路上ル染殿町680

西本願寺 ／P.161
にしほんがんじ
●075-371-5181　●下京区堀川通花屋町下ル

仁和寺 ／P.167
にんなじ
●075-461-1155　●右京区御室大内33

野宮神社 ／P.166-A
ののみやじんじゃ
●075-871-1972　●右京区嵯峨野宮町1

は

八大神社 ／P.165-A
はちだいじんじゃ
●075-781-9076　●左京区一乗寺松原町1

稗田野神社 ／地図掲載なし
ひえだのじんじゃ
●0771-22-4549
●亀岡市稗田野町佐伯垣内亦1

東大谷（大谷祖廟） ／P.163
ひがしおおたに（おおたにそびょう）
●075-561-4167（東大谷墓地事務所）
●東山区円山町477

東本願寺 ／P.161
ひがしほんがんじ
●075-371-9181　●下京区烏丸通七条上ル

日向大神宮 ／P.164
ひむかいだいじんぐう
●075-761-6639　●山科区日ノ岡一切経谷町29

百萬遍知恩寺 ／P.164
ひゃくまんべんちおんじ
●075-781-9171　●左京区田中門前町103

平等院 ／P.168-D
びょうどういん
●0774-21-2861　●宇治市宇治蓮華116

平岡八幡宮 ／地図掲載なし
ひらおかはちまんぐう
●075-871-2084　●右京区梅ヶ畑宮ノ口町23

平野神社 ／P.162
ひらのじんじゃ
●075-461-4450　●北区平野宮本町1

不思議不動院 ／P.167
ふしぎふどういん
●075-462-6628　●北区衣笠赤阪町1-1

伏見稲荷大社 ／P.168-A
ふしみいなりたいしゃ
●075-641-7331　●伏見区深草藪之内町68

藤森神社 ／P.168-B
ふじのもりじんじゃ
●075-641-1045　●伏見区深草鳥居崎町609

平安神宮 ／P.164
へいあんじんぐう
●075-761-0221　●左京区岡崎西天王町97

法界寺 ／P.169
ほうかいじ
●075-571-0024　●伏見区日野西大道町19

宝鏡寺 ／P.162
ほうきょうじ
●075-451-1550
●上京区寺之内通堀川東入ル百々町

方広寺 ／P.163
ほうこうじ
●075-531-4928
●東山区大和大路七条上ル茶屋町527-2

法金剛院 ／P.167
ほうこんごういん
●075-461-9428　●右京区花園扇野町49

法住寺 ／P.163
ほうじゅうじ
●075-561-4137
●東山区三十三間堂廻り町655

法輪寺 ／P.166-A
ほうりんじ
●075-861-0069　●西京区嵐山虚空蔵山町

保津八幡宮社《ほづはちまんぐうしゃ》 ／地図掲載なし
●電話番号掲載なし　●亀岡市保津町宮ノ上21

本能寺《ほんのうじ》 ／P.162
●075-231-5335
●中京区寺町通御池下ル下本能寺前町522

本妙寺《ほんみょうじ》 ／P.164
●075-771-2244
●左京区仁王門通東大路東入ル北門前町490

ま

松ヶ崎大黒天（妙円寺）《まつがさきだいこくてん（みょうえんじ）》 ／P.165-A
●075-781-5067　●左京区松ヶ崎東町31

松尾大社《まつのをたいしゃ》 ／P.166-B
●075-871-5016　●西京区嵐山宮町3

萬福寺《まんぷくじ》 ／P.168-E
●0774-32-3900　●宇治市五ヶ庄三番割34

三嶋神社《みしまじんじゃ》 ／P.163
●075-531-5012
●東山区渋谷通東大路東入ル上馬町

壬生寺《みぶでら》 ／P.161
●075-841-3381　●中京区坊城通仏光寺上ル

三室戸寺《みむろとじ》 ／P.168-D
●0774-21-2067　●宇治市菟道滋賀谷21

妙法院・三十三間堂《みょうほういん・さんじゅうさんげんどう》 ／P.163
●075-561-0467　●東山区三十三間堂廻り町657

妙満寺《みょうまんじ》 ／P.165-E
●075-791-7171　●左京区岩倉幡枝町91

妙蓮寺《みょうれんじ》 ／P.162
●075-451-3527
●上京区寺之内通大宮東入ル妙蓮寺前町875

や

八坂神社《やさかじんじゃ》 ／P.163
●075-561-6155　●東山区祇園町北側625

安井金比羅宮《やすいこんぴらぐう》 ／P.163
●075-561-5127
●東山区東大路松原上ル下弁天町70

矢田寺《やたでら》 ／P.162
●075-241-3608
●中京区寺町通三条上ル

由岐神社《ゆきじんじゃ》 ／P.165-B
●075-741-4511
（鞍馬の火祭テレフォンサービス・9月1日～10月末日迄）
●左京区鞍馬本町1073

吉田神社《よしだじんじゃ》 ／P.164
●075-771-3788　●左京区吉田神楽岡町30

ら

龍安寺《りょうあんじ》 ／P.167
●075-463-2216　●右京区龍安寺御陵下町13

了徳寺《りょうとくじ》 ／P.167
●075-463-0714　●右京区鳴滝本町83

霊鑑寺《れいかんじ》 ／P.164
●075-752-0236（京都市文化観光資源保護財団）
●左京区鹿ケ谷御所ノ段町

六孫王神社《ろくそんのうじんじゃ》 ／P.161
●075-691-0310　●南区壬生通八条上ル八条町509

六道珍皇寺《ろくどうちんのうじ》 ／P.163
●075-561-4129
●東山区松原通東大路西入ル小松町595

六波羅蜜寺《ろくはらみつじ》 ／P.163
●075-561-6980　●東山区五条通大和大路上ル東

盧山寺《ろざんじ》 ／P.162
●075-231-0355
●上京区寺町通広小路上ル北之辺町397

らくたび文庫ワイド

京暦《きょうごよみ》365日 都《みやこ》ぐらしのいざない帖

2007年11月26日　初版発行

著　らくたび（若村 亮・山村純也・佐藤理菜子／株式会社 らくたび）

発行人　日沖桜皮

発行所
株式会社コトコト
〒600-8119
京都市下京区河原町五条南西角 昭栄ビル4F
TEL 075-342-3711
FAX 075-352-3133
http://www.koto-koto.co.jp

企画・編集・制作
株式会社 桜風舎
TEL 075-361-8616
http://www.ofusha.co.jp

企画・編集協力
株式会社 らくたび
TEL 075-352-0163
http://www.rakutabi.com

印刷・製本　日本写真印刷株式会社

企画・編集　光川貴浩・佐竹美意子（株式会社 桜風舎）

メインフォトグラファー　星野佑佳

フォトグラファー　福尾行洋・たやまりこ　ほか

カバーデザイン　北尾 崇（鷺草デザイン事務所）

デザイン　足立恵理

制　作　溝脇恵里子・花村智美・佐々木歩

イラスト　小枝ユカ

マップ・データ製作　花村智美

らく
たび
―洛を旅する―
株式会社 らくたび

ホームページやブログによる京都の情報発信をはじめ、らくたび文庫など出版物の企画執筆、京都着地型の旅行企画や実施、大学や各種文化講座における京都学講座や現地散策講座の講師など、多彩な京都の魅力を全国にお届けしています。
http://www.rakutabi.com